バカの遺言

林家木久扇
Kikuou Hayashiya

新書版のためのまえがき

楽しく面白く生きてこられたのはバカだったおかげ。これからも「バカの力」で元気に突き進みます！

2024（令和6）年の3月末で、長く長くお世話になった「笑点」を卒業します。寂しさもないわけじゃありませんけど、今はスッキリとさわやかな気持ちですね。「笑点」の大喜利レギュラーは卒業しますが、落語家をやめるわけじゃありません。

4月からは、林家木久扇《はやしやきくおう》の第二の人生がスタートします。第二の青春と言ってもいい。落語もイラストもラーメンも、やりたいことがいっぱいあって、ワクワクしてるんですよね。これからもバカの天才っぷりを発揮して、面白いことをやり続けますよ。

この本は、ぼくの〝卒業文集〟みたいなもんです。バカひと筋で生きてきた人生を振り返りつつ、これまでに出会った偉大なバカたち、バカになることはいかに素晴らしくて得なことかなど、ぼくが考える「バカ」を余すところなく詰め込みました。

「遺言《ゆいごん》」だなんて物騒《ぶっそう》なタイトルですけど、ご安心ください。まだまだ元気でヤル気に満ちているから、そう言えるんです。あれは、何度書いたっていいらしいですからね。ちなみに、本書の帯の写真は「イエーイ（遺影）」と言いながら撮ってもらいました。

「笑点」の大喜利メンバーを卒業しようと決めたのは、2022（令和4）年の暮れでした。自宅で番組を見ながら、横にいたおかみさんにボソッとこぼしたんです。

「『笑点』もねえ、出るのは楽しいんだけど、毎週毎週、試験受けてるみたいで、けっこう疲れるんだよね」

そしたら、おかみさんが「お父さん、もうそろそろいいんじゃないの」って。思わずぼくが「えっ？」って聞き返したら、

「疲れたところを見せないうちにやめちゃったほうがいいわよ。そのほうがカッコいいじゃない。江戸っ子なんだから」

と言ったんです。

ぼくはその言葉を聞いて、「確かに、そうだな」と思いました。

これまで人生の大事な場面で、おかみさんはいつも正しい判断をしてくれたんです。最初にガンが見つかったときも、体調はぜんぜん悪くなかったのに、おかみさんが「大学病院に検査に行ってらっしゃい」としつこく言ってくれました。おかげで早期発見につながって、今もこうして元気に生きています。

おかみさんが「もうそろそろいいんじゃないの」と言うなら、それはもう間違いなく、そういう時期なんです。

年が明けてしばらくたって、「笑点」の収録のときに、出番の準備を手伝ってくれているスタッフさんに、冗談っぽく「もう、ぼくはやめてもいいんだよね。だけど、あとがいないよね」なんて話してました。そしたら、その言葉が塊《かたまり》になってだんだん伝わって、プロデューサーの耳に入ったんです。

ある日、プロデューサーに呼ばれて、「おやめになりたいとおっしゃっていると伺いましたけど、本当ですか?」と尋ねられました。「はい、そうなんですよ」と。それで、2023(令和5)年8月に放送された「24時間テレビ」の「チャリティー笑点大喜利」の本番中に、「林家木久扇は、2024年3月で卒業します」と発表したんです。

ほかのメンバーも、そのときにこのコトを初めて知りました。「えーっ」なんてビックリしている感じが面白かったですね。三遊亭好楽《さんゆうていこうらく》さんなんかは、あとから「兄《あに》さんのことだから、そのうち『やっぱりやめるのやめた』って言い出すんじゃないの。ラーメン屋のときだって、しょっちゅう閉店だ閉店だって言いながら続けてたもんね」なんて言ってました。

おかげさまで、それから半年以上、卒業をさんざんネタにしてもらいました。長くメンバーだった人が抜けるときは、病気で出られなくなるケースが多かったんですけど、元気な姿で笑ってもらいながら卒業できて本当によかったと思っています。

これまでの落語家生活には、とても満足しています。ずっと楽しみながらやってこられたというのが、何よりありがたかったし、ひそかな誇りでもあります。

亡くなった三代目古今亭志ん朝《ここんていしちょう》さんに、以前「木久《きく》ちゃんは生きるのがうまいね」と言われました。ぼくにとって最高のホメ言葉です。もともと落語が好きでたまらなくて入った世界ではないので、「落語家とはこうじゃなくては」という型にはまるつもりはまったくなかったのがよかったんでしょうね。

人生はひと筋縄ではいきません。世の中では、今日もいろんなことが起きています。でも、深刻な顔をしてたって何も解決しないし、誰も喜びません。ともかく、今日を生きることを楽しみましょう。何でもいいから、ワクワクすることを見つけましょう。

バカの天才が書いた話が、みなさんのお役に立ったらとても嬉しいです。

『バカのすすめ』まえがき

お赤飯にはごま塩、人生にはバカを振りかけると、格段においしくなります

なぜバカをすすめるのか。

自分はバカになんてなりたくないし、バカにされるのは絶対に嫌だ。そう思う人もいるでしょう。


じつは、バカほど得で楽しい生き方はありません。

人間は自分の中からバカを遠ざけようとしても、お利口に生きられるわけじゃない。それどころか、たくさん損をしてしまうでしょう。

逆に、積極的にバカな自分になろうとすることで、多くの人に愛されたり仕事がうまくいったり、長い目で見るとたくさんのプラスがある。ぼくは自分の人生を振り返って、つくづくそう思います。

ぼくもいつの間にか86歳になりました。落語家生活は今年で64年目です。バカなことをいっぱいやり、バカな失敗も山ほど重ねてきました。漫画家で身を立てるつもりが、ひょんなことから落語の世界に。落語家をやりながらラーメン屋もやり、国内だけではなくスペインにもお店を出しました。そして大損しました。

この本には、ぼくが歩んできた妙に濃い道のりから学んだこと、バカについて考えたことをギュッと詰め込みました。八代目林家《はやしや》正蔵《しょうぞう》師匠をはじめお世話になった方々、「笑点」メンバーや歴代の司会者など、人生で出会った大切な人たちについても、初めて公にするエピソードをたっぷり入れながら書いています。

どんなときもぼくは、思いついたことをすぐに実行に移してきました。我ながらバカだと思います。でも生きていくことは、自分の発想ややり方を貫いていくことでもある。こんなバカなことはできないなと思ってやめてしまうのと、実行するのとでは大違いです。

失敗しても人に笑われても、ぜんぜんかまいません。やりたいことを我慢して、あとで「あのときにやればよかったかな」と思うほうが、よっぽどつまらないですから。

お利口に生きようとして計算ばっかりしていると、毎日がどんどん息苦しくなっていきます。「人生がつまらない」「生きるのがつらい」「楽しいことが何もない」――。そう感じている人は、いろんなことを真面目に考えすぎているのかもしれません。「ほかの人と同じじゃなくていい。自分は自分でいいんだ」という自信を持つことは、とても大事です。開き直りと言ってもいい。常識とか普通とかそういうものに合わせようとすればするほど、苦労も増えていきます。

「バカも休み休み言え」という言葉がありますが、お利口や真面目こそ休み休みじゃないといけません。文章だって、ずっと続いていてぜんぜん句読点がなかったら、読み手が苦しくなります。その句点や読点が「バカ」です。

いったん一休みして、また続きを読む。時々、ホッとできる間《ま》を作る。だけど昨今は、句読点みたいな「無駄」はなるべく減らして、もっと効率を上げなさいなんて言われるし、本人もそれを目指してしまう。疲れるのは当たり前です。

自分の中のバカを減らそうとすると、苦しくなるだけじゃなくて、人が寄ってこなくなります。すごく孤独な人生になってしまう。だけど、バカなことをしゃかりきにやっていると、「しょうがない、手伝ってやるか」と言ってくれる人が必ず出てくる。こっちだって損得を考えずに誰かに手を貸してあげると、それ以上のものが返ってきます。

若い人たちに言いたいのは、生きることはけっしてつまんなくないよ、生きるって面白くて楽しいよということ。仕事をしていても人と話していても道を歩いていても、どんな状況でも何をやっていても、探せば面白いことはたくさんあります。

人生は本当は楽しいはずなのに、雑に生きてしまったらもったいない。バカな生き方と雑な生き方とは、まったく正反対です。あれもやめておこう、これもいけないと上手に生きようとして、どんどん孤独になっていく。それが雑な生き方です。

誤解を恐れずに言えば、今やっている仕事が嫌でしょうがないのに、そこから抜け出ようとしないのも、自分に対する「雑」な態度です。心の底から嫌なんだったら、自分の性格や生い立ちにその仕事が重なっていないんです。ぼくは辞めてしまえばいいと思う。「辞めたらどうなるんだろう」と不安に思うかもしれないけど、生きていかなければいけないんですから、必ず何か知恵が湧いてきます。火事場のバカ力です。もし我慢しながらでもそれなりに長く続けられているんだったら、それはその職業が自分に向いているということではないでしょうか。

「人からバカと言われたくない」「人にバカと思われたくない」と怖がる必要も、まったくありません。本当に怖いのは、生きることを面白がれなかったり、人が離れていって孤独になったりすることです。バカを遠ざけ続けていると、そこを見失ってしまいます。

したたかに生きましょう。したたかに生きるためにバカになる。バカになることで生きることを面白がる。この本には、あなたの人生を変えるヒントやノウハウが詰まっています。

ぼくはお赤飯が大好きです。あれはごま塩をかけると、香りや味がまた一段とよくなる。でも、かけずに食べる人もいます。余計な手間を省いて食べる自分はお利口だぐらいに思っているかもしれませんが、違うんです。ごま塩をかけるとどんなにおいしくなるか、ごま塩がどんなに大事かを知らない。

人生もバカというごま塩をかけると、格段においしくなります。毎日が楽しくなるし、失敗に負けず悩みをはね返せる強い自分にもなれる。「ごま塩もだけど、バカって大事なんだな。もっと振りかけてみよう」――。多くの人にそう気付いてもらうために、バカをおすすめする本を書きました。

今は気づいている人が少ないということは、この本に出合ったあなたは、大きなチャンスを手にしたことになります。ぼくがバカについて考えたことや歩んできた道のりを参考に、バカという栄養たっぷりの果実をもぎ取ってください。

この本を読み終わったときには、あなたの目に映る景色が大きく変わっていることでしょう。バラ色の人生とバカ色の人生は、とてもよく似ています。

※本書は2022年3月刊『バカのすすめ』（ダイヤモンド社刊）に加筆修正し、年齢なども一部修正した上で新書化しました。

目次

師匠を落語の種にしているのは恩返しとして名前を後世に残したいから
清水崑先生は才能の種を見抜いて落語家になれと背中を押してくれた
桂三木助師匠を訪ねていったら、本物の落語家をやることになった
母親はぼくが仕事を変えるたびに「また初めからだね」と言っていた

第4章 私が出会った偉大なバカ

— 105

第5章

いいバカ、困ったバカ

人間はもともとバカな生き物です。「いいバカ」を目指しましょう
落語に登場する「いいバカ」たちは、バカが持つ可能性を教えてくれる
なるべく「いいバカ」になるために、私が日常生活で実践していること
「バカを極めた天才」が分類！　世の中で目につく「100のバカ」

第1章 バカに助けられてきた

「笑点」でのぼくの役割は与太郎。バカの看板はぼくに自由を与えてくれた

「笑点」のレギュラーの大喜利メンバーになったのは、まだ二ツ目だった1969（昭和44）年11月でした。えーっと、卒業する3月までで54年と5か月ですか。長いあいだお世話になりました。人生の3分の2ぐらいを「笑点」とともに過ごしたわけですね。

ぼくがみなさんに「バカ」と思ってもらえるのは、あの番組のおかげです。「バカ」がトレードマークになったおかげで、どれだけ得をしたかわかりません。

「笑点」という番組は、今は亡き立川談志《たてかわだんし》さんが作りました。高座に落語家が並んでお題に答える「大喜利」は昔からありましたけど、座布団をあげたり取ったりするというルールを考えたのは天才の談志さんです。それが大当たりしました。

座布団が重なって高くなっていくのは、牢名主のイメージなんです。時代劇なんかを見ると、牢名主は新入りの畳を取り上げて、それを重ねて高い場所で威張ってる。座布団を集めれば集めるほど偉いっていうのは、そこからの発想なんです。

談志さんは落語家なんで、大喜利という場を落語の世界の長屋に見立てた。司会者は大家さんで、メンバーが店子《たなこ》。桂歌丸《かつらうたまる》さんは小言幸兵衛《こごとこうべえ》、三遊亭小圓遊《さんゆうていこえんゆう》さんはキザな若旦那で、林家《はやしや》こん平《ぺい》さんは田舎から出てきた権助《ごんすけ》とかね。その中で、ぼくは「与太郎《よたろう》」の役を振られたわけです。

レギュラーの大喜利メンバーになったのは、談志さんが参議院選挙に立候補するからと司会者を降りた次の週からでした。だけど、その前から若手大喜利に出してもらっていたり、同じプロダクションでいろいろアドバイスをもらっていたりしました。「笑点」のスタッフに「木久蔵《きくぞう》を出すといいよ」って推薦してくれたのも談志さんです。

大喜利メンバーになってから、談志さんに言われたんです。「木久蔵は与太郎だよね。その線で行ってみな」って。

そう言われたときは、先々どういう展開があるとかぜんぜん考えていませんでしたけど、やり続けてよかったですね。もちろん、嫌だと思ったことは一度もないし、バカとして生きてきた落語家人生にまったく悔いはありません。

バカの看板はぼくに自由だけでなく入金も与えてくれた

バカはね、とっても得なんです。何より、落語家として表現の幅が広がりました。「笑点」に限って言っても、手を挙げて指されてから「なんだっけ?」と問題を忘れちゃっても、木久蔵だからしょうがないって許されるし、そこでまた笑いが起きる。流れと関係なく「いやん、ばか〜ん」なんて歌い出したり、いきなり花魁《おいらん》になって、「ここでおーたもなにかの縁〜。遊んでいってクンナマシ」

とやったりもできる。バカという看板は、ぼくに自由を与えてくれたんです。

それだけじゃなくて、ぼくにたくさんの入金も与えてくれました。お金の話をするのは、「いやらしい」という印象もあります。でも、バカというオブラートがあるから平気で言えちゃう。ぼくはインタビューとかで「いちばん好きな言葉は?」って聞かれると、いつも「入金」って答えてます。ライバルは「先月の売り上げ」。半分は本音で半分はウケ狙いなんですけど、いわゆる「名人」と呼ばれるような師匠たちは、そんなことは言えない。言ったとしても、聞いた側はどんな顔していいのかわからなくて困るでしょうね。

バカのイメージが定着してから、仕事がものすごく増えました。収入が倍増どころか、ビルひとつ分とかふたつ分とか。ここだけの話、バカを演じていると儲かるんです。ただ、バカならではの大損もいっぱいしてるんですけどね。

若い頃にいちばんありがたかったのは、地方巡業にたくさん呼んでもらえたことですね。どこかの地方で落語会をやるときに、目玉になるのは談志さんや先代の三遊亭圓楽《えんらく》さんや三代目の古今亭志ん朝さんといった古典落語のオーソリティの人たちです。そこでトリの前に舞台に出る「ヒザ（膝替わり）」として、よく呼ばれました。「木久蔵のネタだったら邪魔にならないから」って。

「ヒザ」は、トリの人がやりやすいように会場を盛り上げるのが役目です。間違っても、トリがやりそうな大ネタをやっちゃいけません。ぼくが出ると歌ったりモノマネやったりしてにぎやかしになるし、ネタがかぶる心配もない。「邪魔にならない」っていうのは、そういう意味です。

落語の世界を引っ張っている人たちですから、仕事はいくらでもある。そういう人が「木久ちゃんがいいよ」って言えば、それで決まりです。たとえば圓楽さんと桂歌丸さんだと、もちろん歌丸さんは誰もが認める実力者ですけど、古典落語の円朝ものとか、噺《はなし》の傾向がよく似てる。かまぼこ屋さんが二軒並ぶみたいになっちゃうんです。

ただ、ぼくの単価は安かったですけどね。安い分、たくさん使ってもらって回数を重ねたら、それなりの収入になります。そうこうしているうちに、独演会で営業のお仕事に呼ばれるようになったり、講演会もやるようになりました。もとをただせば、すべて笑いを呼ぶ与太郎になったおかげなんです。

「木久蔵ラーメン」をまずいと堂々と宣伝できたのは、与太郎のポジションのおかげ

もう木久扇になって長いんですけど、「木久蔵ラーメン」は私の大事なトレードマークです。落語会をやるときは、会場のロビーで「木久蔵ラーメン」を売るのが恒例でした。100個ぐらい持っていっても、すぐ売り切れます。もっと持っていけばいいのにっていう人もいるけど、売り切れるっていうのが大事なんです。ありがたみが出ますから。

そういうときはぼくもロビーに出てきて、弟子といっしょに「木久蔵ラーメン、いかがですか」なんてやってました。「あれ、木久扇さんがいる！」ってビックリされますね。高座に上がる前にお客さんの前に出てくる落語家なんて、まずいませんから。

でも、そうやってお客さんと直接話すと、ラーメンが売れるだけじゃなくて、自分の高座にもいい影響があるんです。お客さんもかしこまって芸人の登場を待ち構えるんじゃなくて、客席の雰囲気があったかくなる。ぼくの前に出ていく弟子たちも、それでずいぶんやりやすくなるって言ってます。

ほかの方たちは「売れっ子が普通はそんなことしない」「落語家がそんなことしたらありがたみがない」と、ずーっと楽屋にいる。ところがわざわざ自分で抑えてしまわないで、プラスになると思うことはどんどんやってみようっていうのが、ぼくのやり方です。

「木久蔵ラーメン」を作ったのは1982（昭和57）年ですから、もう40年以上前です。横山やすしさんといっしょに「全国ラーメン党」を結成して、そのときに販売を始めました。木久蔵ラーメンのチェーン店も一時期は27店舗ありました。ひどい目に遭いましたが、スペインのバルセロナにも支店があったんです。

今はリニューアル中で「木久蔵ラーメン」の販売はお休みしていますけど、通販でも東京駅や羽田空港なんかの売店でも、ロングセラーの人気商品だったんですよ。

「木久蔵ラーメン」は「笑点」の中で、メンバーからさんざんバカにされ続けました。「類まれなるまずいラーメンだ」とか「食べるとひどい目に遭う」とか。ありがたいですよね。あんなに効果的な宣伝はありません。ぼく自身も時にはまずさをネタにしていました。

じつはあの作戦はぼくが立てたんです。食べるものを作っておいて、作った人がまずいって強調するアイディアはないんですよ。

でも、与太郎だからそれが言えるし、言ってもヘンじゃない。テレビの前の人たちは「まずいって言ってるけど、こうやって長年売れてるんだから、きっとそんなことはない。面白いから、いっぺん買ってみましょうよ」と思ってくれます。全国のあちこちで「いっぺん買ってみましょうよ」と思ってくれるから、すごい数ですよ。

落語会の会場やいろんなイベントで並べても、「これがまずいことで有名なラーメンか。どれだけまずいか一回食べてみよう」「お友だちに買ってってあげようかしら。話のタネになるし」と思ってくれる。

観光会館のお土産物売り場とかで、係の人も面白がって売ってくれるんですね。段ボールの箱の裏に「木久蔵ラーメン、うまいかまずいか食べてみな」ってマジックで書いて、貼り出してくれたりして。ラーメン党では、ポスターもチラシも作ったことないんです。

もちろん、実際はおいしいんですよ。ちゃんとしたメーカーが一生懸命に作ってるんですから。ただ、世の中においしいラーメンはいっぱいあります。そこで突き抜けるには、大きなラーメン会社には思いつかないような、心に残る特徴がなきゃいけない。それが「まずい」を強調することだった。おかげさまで、ずっと返品や売れ残りの山とは無縁で、いつも完売でした。

バカだから番組でラーメンを宣伝しても許される

ぼくが大真面目な性格だったら、たとえシャレや冗談でも自分が作ったラーメンを「まずい」と言われたら、本気で怒ってたかもしれない。でも、幸いにしてそんな心配はありません。そこで怒っちゃうのは、素人のバカですよね。メンバーが「木久蔵ラーメン」の悪口を言ってくれるたびに、困った顔をしたりムッとした芝居をして反論したりしてますけど、心の中では手を合わせて感謝してます。

そもそも、出演している番組の中で自分が売ってるラーメンを宣伝するなんて、図々しい話ですよ。電波料に換算したら、すごい額になります。ほかのメンバーにもテレビを見てる人にも「木久ちゃんだからしょうがない」と許されてる。バカの役得っていうか人徳っていうか、バカの突破力ですね。

だけど、ぼくがカメラに向かって「おいしいから買ってください」なんてやったら、一度ぐらいは許されるかもしれないけど、何度もはやれません。「まずい」「お腹をこわす」ってケナしてくれるから、笑えるネタになって何十年も話題にできるんです。

初高座で、立ち上がって歌ったら圓楽さんが楽屋で「ホッホッホッホ」って笑ってくれた

思い返せば、落語家としての初高座でも、かなりバカなことをやりました。新宿の末廣亭で夜席の新前座で働いていたとき、タテ前座の先輩が「昼席が延びちゃったから、誰か短くやってくれないか」と困ってたんです。まわりの前座仲間が口々に「木久ちゃんがいいよ。まだ高座に上がってないのは木久ちゃんだけだし」と言い出した。要するに、新人ですからやりづらい役を押し付けられたんですね。

短くって言われても、小噺をつなげてもたせる技術はないし、ただひとつ覚えた「寿限無《じゅげむ》」は15分あります。困ったなと思って、やぶれかぶれで歌を歌いました。歌はどう歌っても3分ですから。忘れもしません。当時流行っていた森山加代子《もりやまかよこ》さんの『月影のナポリ』です。立ち上がって踊りながら「ティンタレラ　ディ　ルナ」ってね。

見慣れないヤツがいきなり歌い出して、お客さんも面食らっていました。それ以上に面食らってシーンとしちゃったのが、楽屋です。冷たい視線が集まってきて、居たたまれな

い雰囲気っていうか、何とも言えない甘酸っぱい気持ちになりました。

そんな中で、ひとりだけ面白がってくれたのが、当時は三遊亭全生《ぜんしょう》って名前だった先代の圓楽さんです。「あなたは歌うねえ。歌うんだ。そうか、高座で歌うんだ」って言って、ずっと「ホッホッホッホ」って笑ってた。そのときはヘンな人だなと思いましたけど、ずいぶん気持ちが楽になりましたね。

それから寄席で会うたびに、ぼくが「お先に失礼します」って高座に上がろうとすると、ニコニコしながら「今日は何を歌うんだい」って。その後も、何かと気にかけてくれました。高座で落語をやらずに流行歌をいきなり歌い出すなんて、完全に掟破《おきて》りですよね。でも、圓楽さんはそれを買ってくれました。


ぼくが「笑点」のレギュラーメンバーになって圓楽さんと座布団を並べるのは、それから8年ぐらいあとです。最初の頃は、はっきり言ってぼくは大喜利メンバーのお荷物でした。小圓遊さんがキザで売って、歌丸さんがハゲで売って、圓楽さんが星の王子様で売って、みんな売り物があったのにぼくには何もなかった。談志さんに言われた「与太郎」のキャラも、どう打ち出せばいいかよくわからない。

しかも、テレビ慣れしてないもんだから、当時の司会の前田武彦《まえだたけひこ》さんに「それじゃあ木久蔵さん」って指されて答えを言うときに、テレビカメラの上のタリーライトっていう赤いランプがつくのを待ってた。すると、ヘンな間があくんです。

当時のプロデューサーが小暮美雄《こぐれよしお》さんっていう人で、とうとう注意されました。

「木久ちゃん、君ねえ、いつもなんだけどね、どうしてすぐにしゃべってくれないの」

「えーと、タリがついてからしゃべるようにしてるんです」

「それはこっち側のことで、ちゃんと映るんだから気にしなくて大丈夫。すぐにしゃべって、面白いこと言ってよ」

話すタイミングについての注意は一度だけでしたけど、「面白いこと言ってよ」は何度も言われました。たぶん、かなり面白くなかったんだと思います。流れを崩さないようにしながら、自分の個性を出さなきゃいけない。ついつい周囲に気をつかいすぎちゃって、どうにもうまくいきませんでした。

鞍馬天狗の物まねが降板のピンチを救ってくれた

そんな状態が半年か1年ぐらい続いたでしょうか。局のほうでは「降ろしたほうがいいんじゃないか」って話も出ていたようです。先代の圓楽さんも心配して、何とかきっかけを与えようと思ったんでしょうね。折に触れて「木久ちゃんは面白いよ」って励ましてくれました。

そんなある日、圓楽さんが「自分の好きなものをネタにするといいんじゃないか」ってアドバイスしてくれたんです。ぼくの好きなものって何だろうと考えたら、「そうだ、チャンバラが大好きだ」って思ったんですよね。

時代劇映画だったら、子どものときからたくさん観てきた。ちょうどその頃、NHKのテレビで高橋英樹《たかはしひでき》さんが主演の『鞍馬天狗』が始まったんです。それをヒントに、大喜利で答えを言うとき、ポーズを付けながら「杉作《すぎさく》、ニホンの夜明けは近い！」って入れてみた。

ぼくと同世代の人の頭の中に、鞍馬天狗のネガが入っていたんですね。それが大ウケしたんです。毎回やってたら、どんどん反応が大きくなっていきました。

ヒントにしたのはNHKのドラマですけど、ぼくの「杉作」という口調は、子どもの頃に観た嵐寛寿郎《あらしかんじゅうろう》さんの『鞍馬天狗』を元にしています。ただ「ニホンの夜明けは近い！」というセリフは、原作にも映画にもありません。ぼくのオリジナルなんです。これは流行語にもなって、ぼくが鞍馬天狗に扮したレナウンのテレビコマーシャルも作られました。

鞍馬天狗のほかに、『忠臣蔵』で大石内蔵助《おおいしくらのすけ》が言う「おのおのがた」もよく使いましたね。これは長谷川一夫《はせがわかずお》さんが演じた大石内蔵助の口調です。昔は「声色《こわいろ》」って言いましたけど、今で言うモノマネも若い頃から大好きでした。

時代劇のネタがウケたおかげで、やっと自分のキャラクターを伸び伸びと打ち出すことができました。ぼくにとっての「笑点の夜明け」です。しかも、出題とは関係ないセリフをいきなり言い出すんですから、見てるほうは「この人、バカじゃないの」と思いますよね。おバカな与太郎というイメージも、同時についてきてくれました。

まったく、時代劇さまさまです。筋金入りのチャンバラ好きだったことと、好きなようにやっちゃえっていう開き直りみたいなのが、功を奏しました。調子に乗ったまま、50年以上たった今も「杉作、ニホンの夜明けは近い！」と言い続けて稼いでいます。

「いやんばか〜ん・・・」が大ヒットしてバカの地位が揺るぎないものになった

チャンバラのネタと並んで、ぼくを長年しっかり支えてくれているのが、１９７８（昭和53）年に出して大ヒットした「いやんばか〜ん・・・」です。

ジャズの「セントルイス・ブルース」のメロディに合わせて、身体をくねらせながら「いやんばか〜ん、うふ〜ん」と歌って踊り、耳や目からだんだんおチチ、おヘソと下がっていく。作詞した自分が言うのも何ですけど、とってもケッ作な歌です。このレコードがなんと、10万枚以上売れました。

「笑点」の大喜利では最初の歌詞しかやらないからご存じない方も多いかもしれませんが、歌の最後は「おかあさ〜ん」っていう叫び声です。初めて異性と体験した男の子が、いよいよの瞬間に「おかあさーん」って叫んだって話があって、そんな意味を込めてみました。こうやって説明しないと、歌を聞いただけじゃわかりませんね。

この替え歌が生まれたのは、アメリカのサンフランシスコです。１９７８（昭和53）年の春に、日本テレビ放送網開局25周年記念ってことで、「笑点」をサンフランシスコで収録することになりました。お客さんはほとんど日系人なんですけど、せっかくアメリカでやるんだから、答えの中にアメリカっぽい要素を入れたらウケるんじゃないかなって思って、向こうではおなじみの「セントルイス・ブルース」のメロディに、お色気の歌詞を付けてみました。そしたら、もうウケたウケた。

ただ、プロデューサーはあんまりピンときてなかったみたいですね。ぼくが「こういうのをやってみようと思うんですけど」って言っても、「はあ、なるほど」って薄い反応でした。まあ、説明されてもよくわかりませんよね。やってみてウケたときは、自分の天才バカボンな直感に間違いはなかったと安心しました。

サンフランシスコでのウケ方を見て、あ、これはイケるっていうんで、日本でも「笑点」だけじゃなくて、寄席とかラジオの演芸番組とかで積極的にやってたんです。いつも大ウケで、わりと早く「ぜひレコードにしましょう」と声がかかりました。

レコードを発売すると、当時はキャンペーンで全国のレコード店を回るんですよね。お店の前にビールケースを裏返しにしてステージを作って、そこで歌う。ずいぶんあちこち行きました。レコード屋さんだけじゃなくて、キャバレーとかその頃流行ってた長襦袢《ながじゅばん》サロンとか、そういうところでもずいぶんキャンペーンをやりましたね。

サロンだとステージがないし、マイクも「八番テーブル、あけみさん」って言うための有線のが1本あるだけです。そもそもお触りが目的のお店ですから、各テーブルが高い背もたれで仕切られてる。曲をかけて歌ったあとに、暗い店内をテーブルごとに「レコードいかがですか」って回るんです。

お客さんは女の子とイチャイチャするのに忙しくて、レコードどころじゃありません。「そこに置いて早く行け」って感じで、1000円札を出して「つりはいいから」って。しかも、お金を払って買ったはずのレコードを持って帰らずに、テーブルに置いてっちゃう。あとから全部回収して、次の店でまた同じことの繰り返しです。丸儲けでした。考えてみたら、その分はレコード会社の売り上げには貢献してないわけですけど。

あの歌は「バカ」にはいい意味があることも広めてくれた

まあとにかく、全国でレコードがたくさん売れて、オリコンのヒットチャートでも最高

10位までいったかな。ぼくは作詞者だから、これだけ売れたとなると印税も相当なものになるはずですよね。でも、面白半分で出したレコードだから、印税の契約とかそういうのはちゃんとやってなくて、結局もらったのは24万円です。

メロディのほうは「セントルイス・ブルース」のメロディを使ってるから、作曲者にも権利が発生する。作曲したウイリアム・C・ハンディさんはお亡くなりになってたんですが、未亡人がお元気でした。その方に印税を送らなきゃいけなくて、たぶん相当の金額が行ったんじゃないでしょうか。きっと「いやんばか〜ん……」は聞いてないだろうし、聞いても意味なんてわからない。「なんか知らないけど儲かったわ」みたいな感じでしょうね。

ぼくのほうは、キャンペーンだってひとりじゃできませんから、手伝ってくれた人やいっしょに回ってくれたマネージャーや、お世話になったレコード会社の人たちと打ち上げをやったら、24万円が1回できれいになくなっちゃった。作詞ってことでは、一銭も入らなかったんです。

それより何より、歌が残ったことが財産ですよね。もう40年以上高座でやってるし、ぼくが掲げている「バカ」の看板をにぎやかに彩ってくれています。お金には換算できない大きな得がありました。

しかも、この歌で連発している「ばか～ん」は、とってもいい意味の「ばか～ん」なんです。繰り返し繰り返し「いやんばか～ん」と相手をバカ呼ばわりしてるけど、責めているわけでも見下しているわけでもない。「あなたを許しています」「あなたが好きです」というニュアンスの「ばか～ん」ですよね。

この歌を通じて「バカ」にはプラスの意味があるということが広がったのも、ぼくにとってはありがたかったですね。「バカ」に悪い意味しかなかったら、ぼくが「おバカのスーパースター林家木久扇です」と言っても、親しみを込めて笑ってもらうことはできません。

17～18年前だったか、元日に日本テレビの特番で「大笑点」っていうのをやったんです。豪華なゲストを呼んで盛り上げるんですけど、朝一番のオープニングにウチの一門が7人並んで、この歌を流してダンスしたんですよね。黄色いタスキかけて、手ぬぐいではちまきして、赤いステテコはいて。たしか朝の5時でした。

「マツケンサンバ」で有名な真島茂樹《まじましげき》さんに振りを付けてもらって、もともと寄席で踊ってたんです。そしたら「笑点」のプロデューサーが、面白いからお正月にやりましょうって言って。元日の早朝、日本中に「いやんばか～ん」が鳴り響いた。その年は日本中を「いやんばか～ん」でスタートさせた。あんな面白かったことはないですね。

大きな病気で何度も死にかけたけど、楽天家だから今も元気で過ごせている

最初にガンの手術をしたのは、2000（平成12）年ですから、もう24年前ですね。胃の3分の2を取りました。その前にも40歳になる年に腸閉塞《ちょうへいそく》になって、生還率50％と言われた手術を受けてます。喉頭《こうとう》ガンが見つかったのは2014（平成26）年。一時期は声が出なくなって、お医者さんから「いつ出るようになるかわからない」と言われたんですが、おかげさまで今は元気に高座を務めるようになりました。

命のピンチが何度もあったわけですけど、ぼくは「楽天家だから助かった」と思ってます。バカのゆるさでガンを追っ払ったんです。

最初のガンは、内視鏡検査で見つかりました。おかみさんがぼくの身体を心配して「大学病院に検査に行ってらっしゃい」ってしつこく言うもんだから、しぶしぶ行って受けてみたんです。身体の中にカメラが入って、麻酔が効いてちょっと朦朧《もうろう》とした意識の中、モ

ニターにピンク色のドームが映ってるなと思ってたら、先生の動きがパッと止まっちゃった。

「ここんところ白い突起があるんですがね……」

検査が終わってから「まだ若くてお元気だからガン化が早いと思います。取っちゃったほうがいいでしょう」と、強く勧められました。だけど、5月でちょうど催し物が多くて、いちばん忙しいときだったんです。「秋じゃダメですか」って言ったら、先生が「早いほうがいいです」って。

小さな突起だったんで、たいした手術じゃないだろうと思ってたんですが、開腹手術になって胃の3分の2を切り取られました。「転移のおそれがありますから」ってことらしいです。40日間入院しました。地方の仕事は断りましたけど、「笑点」の収録は休みませんでしたね。点滴つないだまま病院から後楽園ホールに行って、大喜利が終わるとまたつないで、看護師さんと病院に帰ってきたんです。

大喜利で指されてから「あれ、問題なんだっけ？」って忘れるやりとりは、いつもはネタとしてやってるんですけど、あのときは正座してるだけで精いっぱいだったから、本当に忘れていたかもしれない。でも、長年やっているから、それなりにちゃんと答えて座布団をもらったりして、テレビを見ている人には「いつもと違うな」ってことは気づかれてなかったんです。

手術が終わって、先生は「食生活にさえ気を付けていれば、胃はもう大丈夫」って言ってくださいました。ただ、こういう商売なんで、落語会や講演のあとには必ず打ち上げがあるんです。催しの担当者が「また来年もやりましょう」と言ってくれたりもする大事な席なので、せっせとお付き合いしてました。


胃のほうは静かにしてててくれていたんですけど、14年後に今度は喉頭ガンになりました。咳《せき》がコンコン止まらないから大学病院で検査したら、喉頭ガンのステージ2だったんです。そのうち声が出なくなっちゃった。ガンって「こうすれば治る」っていう決まった治療法はないんですよね。放射線がいいのか抗ガン剤がいいのか、通院でいいのか入院するのかしないのか。

ぼくは噺家《はなしか》ですから、とにかく声を守りたかった。抗ガン剤治療だと髪の毛が抜けるって言うし、そうなるとテレビ映りがよくない。入院もしたくなかったから、通院で放射線治療を受けることにしたんです。その治療法が効いてくれるかどうかは、やってみないとわかりませんが、絶対に治る気がしてましたね。

空襲に比べれば病気なんて怖いうちに入らない

二度もガンを患《わずら》って、もっと落ち込んだり先行きが不安になってもよさそうなもんですけど、そうならなかった。ふたつ理由があって、ひとつはバカの天才だからです。まだ起きてもいない事件を考えると、頭が疲れちゃう。「不安」を抱えてクヨクヨするのは、頭の無駄遣いです。毎日忙しくにぎやかに過ごして、パッと寝て次の日を迎える。それが、ぼくのリズムなんでしょうね。

もうひとつは、小学校1年生のときに東京大空襲を経験していること。忘れもしない1945（昭和20）年3月10日、3回目の東京大空襲でB29が290機も襲来して、東京の上空から爆弾を落としたんです。ひと晩で十万人の方が亡くなりました。そりゃもう、生きた心地がしなかったし、友だちも知り合いもたくさん亡くなってます。

その頃は毎晩のように空襲警報が鳴って、空をアメリカの爆撃機が飛び回ってた。東京のどこかが燃えていて、夜なのに空が明るかったんですよね。空襲のたびに、いっしょに住んでいるおばあちゃんの手を引いて、近くの小学校の防空壕に逃げ込んでいました。

狭くて真っ暗なところに大勢が肩寄せ合って座って、上のほうで「ゴー」って音を出して飛んでいる爆撃機が行っちゃうのを待つ。今日は頭の上に焼夷弾《しょういだん》が落ちてくるかもしれない。いつ死んでもおかしくないという恐怖と背中合わせだったし、子ども心に「明日死んじゃうのかな」という虚無感《きょむかん》を抱えて生きてました。

戦争が終わってからも、引っ越した先で肩身が狭い思いをしたり、父と母が離婚したり、食べるものがなかったりと、いろんな波が押し寄せてきた。でも、何が起きても「あの空襲のときに比べたら、こんなのは何でもない」っていう思いがいつもあったんです。大病のときも、そうでした。だから落ち込まずに済んだんです。

空襲に比べたら、病気なんて怖いうちに入りません。お医者さんがいるし、食べるものだってある。ぼくも早く治ろうとして、来た仕事は全部受けました。この日はここに行かなきゃいけないから、それまでに身体を戻そうって気持ちにもなりますしね。

それと、一生懸命にガンを叱ってたのも、効果があったんじゃないかと思ってます。喉頭ガンのときも、起きるとすぐベッドの上で、

「おい！　ガンよ、お前は胃に入ってきて、今度はノドかよ。なんで俺の身体に入ってく

るんだ。勝手に入ってくるな。俺は家族と弟子を合わせて17人養ってるし、やることがいっぱいある！　お前と付き合ってるヒマなんかないんだ！　出てってくれ！」

そんなふうに、かすれた声で小言を言ってました。ガンも生きてる組織ですから、きっと伝わるはずです。病院の先生に「毎朝、ガンを叱ってるんです」って言ったら、「そういう前向きな患者さんのガンは治るんです」っておっしゃってました。

ガンに小言を言うなんて、普通の人にはバカバカしいようだけど、ガン細胞も小言を聞いているんです。だから身体も治ってくる。バカのゆるさがガンを追っ払ったというのは、そういう意味なんです。

第2章 バカという無敵の生き方

バカを看板にしてたら、スペインのラーメン屋出店の大失敗も、結果的にプラスに

バカな発想で得したことはいっぱいありますけど、損したこともいっぱいあります。ぼくは江戸っ子ですから、せっかちで物事を深く考えないので、すぐ調子に乗って突っ走っちゃいますから。

あれは、スペインでバルセロナオリンピックがあった2年前、1989（平成元）年のことだから、もう35年になりますね。スペインに「カーサ・デ・ボスケ・キク（木久ちゃん館）」っていうラーメン党の店を開きました。ヨーロッパ中にラーメンブームを起こそうという壮大な野望があって、まずはオリンピックのスペインだったんです。

ラーメン党に出資してくれている人の友だちが、スペインで柔道の道場と、マジョルカ島で日本料理の「将軍」という店をやっていて、たいそう繁盛している。バルセロナのタウマニア通りっていうオシャレなエリアに、元は鳥料理屋だった居抜きのいい物件があるから、そこでラーメン屋をやらないかという話が来たんです。

その頃、ラーメン党には出資者が5人いて、やるとしたら共同経営でお金を出し合おうってことになった。現地調査ってことで、みんなで何回かスペインに繰り出したんです。日本で言う銀座のクラブみたいなところに行くと、女の子がいるテーブルのひとつが自分の売り上げの領分で、その利益をもらえる仕組みになっていた。

そのせいか、女の子がみんなきれいで親切でね。お客がたくさんお金を使ってくれると実入りがよくなるから、すごく手厚くもてなしてくれる。しかも、日本と比べたらぜんぜん飲み代が安いんです。みんな「スペインはなんていい国なんだ」って思っちゃった。

ラーメン屋を出す経費も人件費も、あの頃はぜんぜん安かったんです。なにしろスペインのバルセロナには、ラーメン屋なんてないからライバルはいません。もうすぐオリンピックもあるし、日本人もいっぱい来るに違いない。何より、店があれば仕事っていう口実でちょくちょく来て、また夜のクラブで遊べるじゃないか。儲けと色気のいろんな思惑を抱いて、「よし、店を出そう！」と話がまとまったんです。

そこまでは楽しかったんですけど、話が進み始めてからは誤算の連続でした。スペイン人の20歳のアントニオ・トニーという男の子を雇って、研修として代々木の木久蔵ラーメンの店に1年間送り込んで、麺のゆで方から餃子の包み方までひととおりのことを研修させたんです。すごくハンサムな子で、彼が店にいれば日本から来る女の子たちが写真を撮りたがって、きっと店は大評判になるだろうとも思ったんですよね。

ところが、オープンしてちょっとしたら湾岸戦争が起こって、その男の子が徴兵されてしまったんです。日本で修業してたコックがいなくなって、しょうがないからいつも通ってきていた掃除のおばさんがやることになった。急にやらされたって、スープなんか上手に作れるわけがない。醤油とタレの区別もつかないし、麺もゆですぎだったり生ゆでだったり。たちまち「すごくまずい日本人の店」っていう評判が立っちゃいました。

想像してなかったのが、スペインにはシエスタ、つまり昼寝の習慣が根強く残っていたこと。昔の話かと思ったら、今でもやってた。昼の1時から4時までは、スペイン人はみんな昼寝をしてしまうんです。午後はお客さんなんて来ないし、3人いた店の従業員も「寝させてくれ」って言ってくる。その上、ワインが安くて水代わりだから、のべつ飲んでる。

そういう国だから、ラーメン屋なのにワインリストを用意する必要があって、たくさんのワインを揃えなきゃいけない。もともと鳥料理屋だった物件なんですけど、地下にワインの立派な貯蔵庫がありました。それはよかったんですが、外国人が経営する店だから、政府からアルコールを出すための許可がなかなか取れない。お役所っていうのはどこの国も対応が面倒で動きが鈍いもんですけど、スペインは筋金入りでした。

いざオープンしてみたら、どのお客さんもラーメンを目の前に置いてのんびりワインを飲んでる。あっちの人は猫舌で熱いものが食べられないんですね。のびきってくたくたになったラーメンなんて、おいしいわけがない。しかも、お客さんが回転しないから、売り上げがぜんぜん伸びないんです。

バカを看板にしているおかげでマイナスをプラスにできる

オープンする前も誤算だらけでしたね。丼を日本から船便で送ったら、港の税関で「この器はやたら分厚いが、あいだに麻薬が入ってるんじゃないか」って疑われて、全部真っ二つにされました。当時、スペインはマジョルカ島からの密輸で麻薬が問題になっていて、税関も神経をとがらせていました。「よし、問題ない」って丼は返してくれたけど、真っ二つの丼を返されてもねえ。

水にも困りました。バルセロナって火山灰地の上にできてる都市だから、水道水が薄く白い色した硬水なんです。硬水だとラーメンがゆだらない。仕方ないから、特別な浄水器を探して高い値段で買いました。

オープンしたときは、けっこう話題を呼んだんですよ。オープニングパーティで駐在の領事が挨拶してくれたり、現地の新聞にもいくつか載ったり。オリンピックをやってるときは、日本からの報道陣とかもよく来てくれて繁盛したんですけど、終わったらパッタリです。バルセロナオリンピックが終わってしばらくして、ぼくは手を引きました。

損した額は、全部で７０００万円ぐらいです。手続きのことにせよ生活習慣にせよ、店をやるんだったらちょっとは調べればいいのに、ぼくも仲間もワッショイ、ワッショイで突き進んじゃった。ノッてるときは、バラ色ですよ。いつもワインを飲んで、グループでワッショイ、ワッショイだったんです。つくづく困ったものです。

ワールドワイドな失敗では、バルセロナでのラーメン屋よりもずいぶん前の話ですが、タイで象を買って輸入しようとしたこともあります。パタヤビーチに行ったときに、象使いが観光客の子どもを象で遊ばせてお金を稼いでたんですね。これはいい。象を買って「キクゾウ」って名前を付けて、湘南か鎌倉あたりの海岸で象を使った商売をやったら、きっと儲かるんじゃないかってヒラメイタんです。

ところが、象を70万円で買っていざ日本に象を呼び寄せようとしたら、ワシントン条約があるから輸入できませんと役所から言われちゃった。返そうとしても「取引しちゃったからダメ」と言われるし。しばらくのあいだ、飼育代やエサ代の請求書が定期的に届いてましたね。たまに「カゼをひいたから注射を打っていいか」っていう連絡があったんですけど、それが1本7万円もする。ゾーッとするとはこのことですよね。

バルセロナのラーメン屋にせよタイの象にせよ、思い付きと勢いで突っ走って、さんざんな目に遭いました。ただ、トータルでは赤字になっていないんです。その後、高座や講演の依頼がいっぱいありましたから。

人が失敗した話って商売になるんですよ。聞いているほうは「コイツ、バカだなあ」って優越感を持つことができる。失敗で稼げるというのも、バカのエネルギーのメリットですね。「笑点」でもさんざんこぼして、十分におつりが来ました。

しかも、やってるあいだはワクワクしたりドキドキしたりして、たっぷり人生を楽しみました。だから、これっぽっちも後悔していません。たとえ大損しても、バカの看板を掲げているおかげで結果的にはプラスになっている。バカになりきるという生き方は、どんなマイナスもプラスに転じることができるんです。

ただ、バカをやるのもずいぶんお金がかかるんですけどね。

「全国ラーメン党」を結成したのは、今振り返ればノリと勢いだけだった

今や、ラーメンは日本の「国民食」です。あちこちに行列のできるラーメン屋があって、街を歩くと「あっ、また新しいラーメン屋ができてる」と気づくことがしょっちゅうあります。

ぼくが「全国ラーメン党」を立ち上げたのは、1982（昭和57）年のこと。「ラーメンブーム」の先鞭をつけたのはぼくです。

その頃、ラーメンというのは、あまりに当たり前の食べ物すぎて、誰もわざわざ注目なんてしない。人気のラーメン屋はありましたけど、メディアで取り上げたりはしませんでした。ぼくは昔からラーメンが大好きで、食べるたびに、こんな素晴らしい食べ物はないと思っていたんです。

全国ラーメン党を結成するきっかけになったのは、前年に出版した『なるほどザ・ラー

メン』という本です。ページが余ったから、「全国ラーメン党結成！　党員募集。会長・林家木久蔵。副会長・横山やすし」って書いちゃった。そしたら、入党申し込みが560通も来たんです。若い人だけじゃなくて、年配の方がラーメンへの熱い想いを切々と綴《つづ》ってくださっているんですよね。

ほうっておくわけにもいかないので、成り行きで「全国ラーメン党」っていう機関紙も発行しました。そこにまた「全国ラーメン党　決起大会迫る！　5月1日のメーデーは麺デーだ」という記事を書いたら、「どこでやるんだ」「絶対に行く」と、もう大盛り上がり。どんどん話が大きくなって、メディアからの取材申し込みも約60社からあり、引っ込みがつかなくなりました。

ノリと勢いで始まったんですけど、あとから考えると、我ながらいいところに目を付けましたよね。都立中野工業高校の食品化学科を出てるから、食べ物に関しては詳しい。「全国ラーメン党」が盛り上がったおかげで、自分好みの味に仕上げた「木久蔵ラーメン」を作って販売することもできたし、全国ラーメン党として店舗展開もできました。それから、もう40年以上です。

ちゃんとものを考える人や食べ物の専門家を自任する人は、たぶんラーメンなんて当たり前の食べ物には目を付けません。「フランス料理党」とか「懐石料理党」にするんじゃないでしょうか。あ、そもそも「党」にはしませんね。政治とは関係ないのに党を付けていいのかな……とか考えちゃう。

そこは意外なアイディアを生み出すことを看板にしているぼくの強みです。甘党、辛党って言いますよね。ラーメン好きはラーメン党なんです。「全国ラーメン党」にしたのは大正解でした。横山やすしさんは、最初はあんまりピンときていなくて「木久ちゃんが言うならやってみよか。おもろそうやしな」ぐらいの感じでしたね。やすしさんは大阪のスターだから、たしかラーメンよりうどんのほうが好きだったんじゃないかな。

「党員は1万人」と言ったら田中角栄さんの態度が変わった

全国ラーメン党を結成してすぐ、勢いに乗って「ラーメン党党大会」で、麺類の母なる国である中国の首都・北京にラーメン屋を出店しようと盛り上がりました。「日中友好はラーメンの割り箸から。割れば二本（日本）折ればペキン（北京）」というテーマでね。

そこで、日中国交正常化を実現させた元首相の田中角栄《たなかかくえい》さんに、中国との橋渡しをお願いしようということになりました。といっても、ツテなんてありません。番号を調べて直接電話をして、秘書の方にあしらわれながらもめげずに、根気よくかけ続けて40日目にやっと、「笑点」のファンだという第一秘書の早坂茂三《はやさかしげぞう》氏から「2、3分なら面会してもいい」というお許しが出ました。これこそバカに運がいい。

当時の田中さんは、政界に絶大な力を誇っていました。田中邸の応接室へ通されて、緊張しながら必死で訴えました。

「全国ラーメン党の林家木久蔵と申します。日中国交正常化を果たされた田中先生にお願いに上がったのは、中国残留孤児を救ってくださった中国人民の方々への恩返しの気持ちを込めて、彼の地に日本のラーメン店を開きたく、つきましては中国の食品関係の窓口の方をご紹介いただけないかと」

そう申し上げたら、いきなり怒り出した。「チミ、なんで私が、中国のラーメン屋の開店の手伝いをしなきゃいけないんですか！」ってね。

あの声と顔です。すごい迫力！　こっちは震え上がりながら、おずおずと「申し遅れましたが、我が全国ラーメン党は、全国に1万人の党員がおります。党員たちの願いです！」

と言ったら、田中角栄さんの態度がコロッとかわりました。

「1万人ということは、1万票ということでしょう！　その1万人は、私を応援してくれますか？　そういうことは早く言いたまえ！　ものごとは数字でしょ、数字！」

その場ですぐに、中国大使館や日中友好協会に電話してくださって、あっという間に中国進出の足がかりができたんです。あのときは田中角栄さんの数字に対するリアリストっぷりを目の当たりにして、深く感動しました。

ただ、中国にお店を出すために、ラーメン党として8回も北京に行くなどかなりがんばってみたんですけど、実現はしませんでした。いちばんの理由は物価の違いです。当時の中国は、みんなまだ人民服を着ていて、労働者の月収は3000円ぐらいだった。もし向こうで1杯350円のラーメンを売ったら、中国の人には1万円以上になっちゃう。

向こうの食品文化部の人は「1杯13円で売ってくれ」って言うんですけど、生麺の原価が50円以上する。それじゃあ元が取れないと言ったら、中国の小麦を使えばいいという話になった。でも中国も食料不足で困ってるから、やるんだったら土地を提供するから麦を育てればいいと言います。ラーメン屋を出すのに麦踏みからやらなきゃいけないのかと思って、さすがこの国はスケールがでかいと驚きました。

　あれから長い年月がたって、中国の人たちも豊かになって、最近は日本のカップラーメンが大人気です。ぼくは、いつも時代を早く先取りしすぎる。でも、ぼくのラーメン党があったから、今のラーメンブームへと道が切り開かれた。とにかく前に進んでいくバカのパワーは、ラーメン大使の役割を立派に果たしたんです。

嫌いな人に悩まされずに済むのは、バカになることのメリットです

落語家という商売は、人様にかわいがっていただかないと始まりません。こちらとしても、あらゆる人と分け隔てなく接する必要があります。「あの人は嫌い」「この人は苦手」とは言っていられない。もちろん、たまには嫌いな人や苦手な人もいますけど、バカになるという土台があると、そういう人と接することが苦にならないんです。

嫌いな人や苦手な人がストレスになるのは、対抗意識が出てくるからですよね。「あんなヤツがどうしてオレよりエラくなるんだろう」「アイツはどうして自分にあんな口の利き方をするんだろう」とか。でも、最初から引き下がって、自分をバカの側に置いておけば余裕です。バカにされたことで腹を立てる必要はありません。

失礼なことや意地悪なことを言われたとしても、「ああ、この人はこっちをバカにしているから、こんなことが言えるんだな。差別して喜んでるわけか。なんか可哀想だな」なんて、むしろ自分が優位に立った気持ちになれます。「バカと思われたくない」「自分はバ

カじゃない」というところにこだわると、いちいち対抗意識を燃やさなきゃいけなくなる。相手の非を探したり悪口を考えたり、疲れて仕方ありません。

嫌いな人や苦手な人と無難に接して、上手に転がすのも、バカの楽しみのひとつです。自分が「この人、好きじゃないな」と思ってると、どうしても顔に出てしまう。マイナスの気配は相手に伝わりますから、相手だってこっちが嫌いになる。悪循環ですよね。

そういう場合、ぼくは相手の名前を積極的に呼びかけるようにしています。「ヤマダさん、お久しぶりです」とか「スズキさん、今日はいいお天気ですね」とか。自分の名前を呼ばれれば親しみを感じて相手も悪い気はしないから、やさしく接してくれる。好循環です。人に対する苦手意識なんて、わざわざ大きく育てる必要はありません。

お辞儀をするのもオススメです。会社の廊下で嫌いな重役に会ったときに、本当は避けたいんだけど、逃げ出すわけにもいかなくて、いちおう「こんにちは」なんて挨拶をする。「失礼します」ってお辞儀して別れるときに、相手が嫌いな人であればあるほど、そのまま長いあいだ頭を下げて見送るんです。

その人はだんだん離れていきますが、途中で振り向くかどうかはわかりません。でも、もし振り向いたときにこっちがまだ頭を下げていたら、「丁寧な人だな」って好感を持たれると思うんです。向こうが好感を持ってくれたら、相手を嫌いじゃなくなります。

自分に正直すぎる人は、相手が気づくかどうかわからないのに、ずっと頭を下げてるということはきっとできない。剣道でいう「残心《ざんしん》」ですね。頭を下げてるほうが勝ちなんです。捨て身になり切れるのが、こっちの最大の強みなんですね。

「そこまでしなくても」をすることでバカのエネルギーがより輝く

好きな相手とよりお近づきになりたいときも、バカは大きな武器になります。

お中元やお歳暮をいただいたり、地方で落語会をしたときにファンが何か名物を送ってくれたりします。そういうときにぼくは、必ず自分でお礼状を書くことにしています。得意なマンガを添えてね。

自分もいろんな人にお返しをしますけど、相手から手書きのお礼状をもらうとすごく嬉しい。それが大きな会社の社長さんだったりすると、「忙しいはずなのに、やっぱり出世する人は違うな」なんて感心する。しかも最近は、何でもメールとかＬＩＮＥとかで済ませちゃって、自分でハガキを書くということが減ったから、余計にインパクトがあります。

お礼は、早ければ早いほどいい。落語会に呼んでいただいたときは、ぼくは帰りの飛行機でお礼のハガキを書きます。キャビンアテンダントさんに航空会社の絵ハガキをもらい、羽田に着いたらポストに入れちゃう。早いと翌日には届きますから、相手は「うわ、もうお礼状が来た！」って驚く。飛行機の中ぐらいのんびりすればいいんですけど、人の〝間〟を突くことで「きっと、次の商売につながるだろうな」とニヤッとするんです。

「なにもそんな面倒なことを」とか「弟子にやらせればいいのに」って言う人もいるでしょうね。でも、バカにとってそんなことは関係ありません。「そこまでしなくても」ということをあえてすることによって、ここでバカの天才ぶりが輝くんです。

もともとぼくは、意外な行動で相手をビックリさせるとか、どうすれば喜んでくれるかなって、人を驚かせるのが好きなんですよね。よく言えば気配りです。ぼくたち落語家の商売は、お客さんに品物を販売するわけじゃない。噺の世界に包まれた笑いの空気を創り出して、お客さんに笑っていただくという商売。

自分がお客さんに好かれるように、普段から気を配っているんですよね。あの豊臣秀吉《とよとみひでよし》だって、主人のゾウリを懐で温めて織田信長《おだのぶなが》に認められた。いわば気配りで天下を取ったんですから！　気配りというのは、大きな武器になるんです。

バカの智恵のおかげで、「ダブル襲名」や「テレビで芸名募集」を思いついた

ぼくは今では「林家木久扇」を名乗っていますが、2007（平成19）年までの46年間は「林家木久蔵」でした。息子が真打に昇進したときに「木久蔵」を譲ったんです。ラーメンの商品名だけは、今でも「木久蔵ラーメン」ですけどね。

ラーメンに木久蔵を残したのは、息子を売る作戦だったんです。それに、変更するとなるとパッケージも作り直さなきゃいけなくて、何かとお金がかかりますから。

息子の二代目木久蔵は大学を出てから私に弟子入りして、「林家きくお」っていう芸名で12年ぐらい前座と二ツ目をやってました。いよいよ真打になることが決まって、そのときに聞いたんです。「これから先、どうなりたいの？」って。そしたら「有名になりたい」っていう答えが返ってきました。うーん、そうか有名になりたいのか、落語家としてはまだまだこれからの息子が、どうしたら有名になれるか考えました。

そこで浮かんできたのが、「二代目林家木久蔵」を襲名させるアイディアです。ぼくは

ありがたいことに、顔と名前を世間に広く知ってもらってる。息子に名前を譲ってそれをニュースにすれば面白いんじゃないか。ぼくも新しい芸名になって「ダブル襲名」にすれば、もっと盛り上がるんじゃないか。きくおがお世話になってる春風亭小朝《しゅんぷうていこあさ》師匠のアイディアをいただいて、前代未聞のプロジェクトがスタートしました。

落語の世界では、息子が名前を継ぐケースはあります。「笑点」メンバーだった林家三《さん》平《ぺい》さんも、お父さんの名前を受け継いでますよね。だけど、本人が生きてるうちに名前を譲っちゃって、しかも全国83か所の会場を回って「ダブル襲名披露興行」をやるなんてのは、今までの落語界になかったことです。笑福亭鶴瓶《しょうふくていつるべえ》さんや当時の桂三枝《かつらさんし》（現・桂文枝《ぶんし》）師匠などたくさんの大物の方にもゲストで出ていただいて、おかげさまで全国のどこの会場も大入り満員でした。

ぼくの新しい名前を「笑点」で募集したのも、我ながらよかったなと思います。半年ぐらいテレビで引っ張って、３万通を超える芸名の応募がありました。高視聴率にもけっこう貢献したみたいで、「林家加山雄三」とか「林家木造二階建て」とか「林家馬鹿蔵」とか、面白い応募も多かったですね。

「木久扇」って書いてくれた人は2人だったかな。「木久翁」のほうがたくさんあったんですけど、なんかじじむさいし七五三の飴の袋みたいな字だしなと思って。「扇」は運勢的にもいいと言われて、「扇」の字にしたんです。

ダブル襲名やテレビ番組での芸名の募集とか、落語の世界の「常識」から言ったら、大発明と言ってもいい。面白そうだと思ったらすぐに行動に移せるのも、天才バカの強みです。普通の常識的な襲名披露だったら、商売にならなかったでしょうね。

二代目の林家木久蔵もなかなか利口なバカになってきた

息子のきくおにぼくの芸名を譲ったのは、話題になって有名になれるっていうだけではなく、噺家として腹をくくってくれるだろうっていう狙いもありました。それまでも、ぼくがいなくなってもやっていけるようにって、落語の天才と言われている春風亭小朝師匠に稽古をつけてもらいに通ったりとか、本人なりにがんばっていました。

息子が「噺家になりたい」って言ってるとおかみから聞いたときは、正直言って嫌でした。家に帰るとおかみさんがいるし、長女がマネージャーだし、その上に息子まで同業者になって楽屋にいたら、ぼくの気が休まるときがない。一日中監視されてるみたいですよね。

それに、噺家っていう職業はノンキそうに見えて、けっこう厳しい職業です。しゃべり方ひとつで噺の世界は右に動いたり左に動いたりする。言葉という形のないもので笑いの空気を創って、収入を得る。それをやってきた自分としては、息子が同じ道を進みたいと知って驚いたし、心配しました。

ただ、止めはしませんでしたね。「やめなさい」って言わなくても、噺家修業は続かないと思ったんです。大学を出て、楽屋で履物《はきもの》そろえたりお茶出したりっていう前座の修業をするのは、楽なことではありません。きっと続かなくて、すぐやめるだろうと思ってね。そしたら、きっちり3年間前座を務めて二ツ目になった。これは偉いと思いましたよ。

子どもの時分から個性的で、幼稚園ぐらいの頃は日曜日の夕方になると、近所の商店に行ってお店のテレビのチャンネルを全部「笑点」に合わせてきたり、学校で「うちには木久蔵がいるんだぜ」って自慢して、友だちを家に連れてきたりしました。「ほらほら」って指さして、ぼくを友だちに見せたりね。動物園のカバじゃないんだから。

小さいときにおかみさんがお風呂に入れたら、母親の胸をじっと見て「まずそうなおっぱいだ」と言って、おかみさんが怒ったことがありました。「この子、こんなこと言ったのよ」ってこぼしたときに、ぼくもうっかり「へえー、うまいこと言ったな」って感心して。おかみさんはしばらく口を利いてくれませんでした。

「木久蔵」の名前を継ぐのは、それなりにプレッシャーだったと思うんです。襲名のアイディアを伝えたときは「1週間考えさせてほしい」って言って、悩んではいたみたいでした。だけど、新真打にとってはメリットばかりで、落語家としてこんないい話を断るわけはありません。答えは決まっていました。

結婚して孫も2人できて、近所に住んでます。毎朝訪ねてきて、「お父さん、元気?」なんて言って、ぼくのヤクルトを飲んでいく。なかなかしっかりしてるんです。本人は「親の健康状態を見に来てやってるんだ」なんて言ってますが。

伝統よりも、お客さんに喜んでもらって、自分も儲かることのほうが、ぼくにとっては大事なんです

ぼくも気がついたら、落語家になって64年目になりました。またたく間ですよ。漫画家になるつもりでカッパの漫画で有名な清水崑《しみずこん》先生に弟子入りして、漫画雑誌で連載を持ったりもしてたんですけど、崑先生の推薦で「お前さんは芸人になったほうがいい」ということで、落語の世界に入ることになりました。そのときは「落語の漫画が描けそうだ」ぐらいの軽い気持ちでした。

落語家はお客さんに喜んでもらうのが仕事だし、そのために「まいどバカバカしいお噺を一席」なんてやってますけど、多くの仲間は大学で落研などをやっていて、落語が好きで入門してきた。だからなのか「落語はこうじゃなくてはダメだ」とか、自分の頭の中にワクができちゃってる。とくに古典落語が好きな仲間は、その傾向が強いようです。

落語の世界のイメージからすれば、開演前に本人がロビーに出てきてラーメンを売るなんて考えられない。ワクから言えば、楽屋で出番を待っているのが落語家なんです。

それなのにぼくは、いつも楽屋にいなくて、出番の前からお客さんの前に顔を出しちゃう。そのほうが、自分が高座に上がったときの拍手も多くなるし、「今日は来てよかった」と喜んでもらえます。ぼくにとって大事なのは、落語界の伝統とか落語家としての格好ではない。お客さんに喜んでもらって、しかも自分も儲かるってことです。

色紙に格言《かくげん》として「入金」と書くのも、落語の常識からは考えられないですよね。ウチの師匠の林家彦六《ひころく》も「噺家はカネにこだわっちゃいけない」と、死ぬまで長屋住まいでした。師匠のことは尊敬してますけど、でもね「噺家は貧乏でいいんだ」っていうのは、ちょっと違うと思ってました。

落語の「長屋の花見」にある、たくあんを卵焼きに見立てた「卵焼きは尻尾のところがうまい」ってサゲにしても、贅沢《ぜいたく》をしている芸人が貧乏を描写するから、聴いているほうは楽しめるんです。実生活でも昼飯がオニギリとたくあんしか食べてない人が貧乏なことを言ったら、リアルすぎますものね。

いつでも漫画は描けるという気持ちが自由を与えてくれた

木久蔵ラーメンを売り始めた頃から、仲間が「あいつは面白いことをやっている！」と楽屋で言うようになってくれました。商売は何をやろうと落語家が〝本業〟です。落語もラーメンも利益を上げながらですから、一石二鳥です。

いつしかまわりも「あれが木久ちゃんらしさ」だと、ぼくならではの個性を認めてくれるようになりました。世間にも〝木久扇流〟が、だんだん認知されていきます。「そういう落語家がいてもいい」ってことになったんですよ。

結果的に、落語家の新しい道を切り開くこともできたと思ってます。木久蔵ラーメン以後、何人かの後輩の若手落語家が、自分の名前の商品を売り出しました。そういうことは、けっして「特別なこと」ではない。落語の世界も新しい時代になってきて、ずいぶんやわらかくなりましたね。

もしぼくが「落語家は落語だけ。落語以外に自分の生きる道はない」と強く思っていたら、こんなに伸び伸びと型破りな落語家をやってこれなかったでしょうね。もちろん、落語界という自由で長い歴史がある世界で一生懸命やってきたつもりだし、本当に落語家になってよかったと心から思っています。

いっぽうで、もうひとつ「漫画」も修業していたおかげで、ワクに縛られずに済んだのかもしれません。とくに落語家に入門したばかりの頃は、イザとなったらいつでも漫画に戻れるという気持ちが、心の片すみにありました。

しかし、落語家をやりながらも漫画は描き続けられたし、高校で学んだ食品の知識もラーメンのことで大いに役立ち、落語も三代目桂三木助《みきすけ》と八代目林家正蔵に師事して筋金入りの尾根づたい。人生に無駄はないものです。

第3章

バカは一日にして成らず

林家彦六師匠の「馬鹿野郎〜」にめぐり合えたことでバカが花開いた

師匠の八代目林家正蔵、のちの林家彦六は怒ると「馬鹿野郎」が口癖でした。カッカすると、必ず頭に「馬鹿野郎」がつくんです。師匠の場合は、ひらがなの「ばか」でもカタカナの「バカ」でもなく、漢字の「馬鹿」のイメージですね。音で言うと「ばぁぁかぁぁやぁぁろぉぉおぉぉ」でしょうか。

ぼくは正蔵師匠から、落語のことだけでなく、バカになることの本質や奥深さを教えてもらいました。といっても、面と向かって「いいかい、木久蔵。馬鹿ってもんはだな」と指導を受けたわけじゃありません。自分の信念や美学を馬鹿正直に貫いた師匠の背中を見て、「バカになりきっていいんだ。バカになりきることは素晴らしい」と気づきました。

ぼくは正蔵師匠に弟子入りする前に、漫画家の清水崑《しみずこん》先生と三代目桂三木助師匠にお世話になりました。カッパの絵で有名な清水崑先生は、新聞や雑誌に多くの連載を持つ当代一の売れっ子漫画家です。子どもの頃からなりたかった漫画家を目指して、出版社の紹介で清水先生に弟子入りしました。

4年お世話になって、そのあいだに実業之日本社の『漫画サンデー』で、いちおう漫画家としてデビューしました。ぼくがチャンバラの漫画を描きながら、映画スターの声色（声帯模写）をやっているのを聞いていた清水先生が、

「漫画が面白いヤツはいるけど、本人まで面白くなっちゃうヤツは珍しい。お前さん、落語をやってみたらどうだ。絵も描けて落語もできたら、これからはテレビ時代だから売れるぞ」と、落語家を勧められたんです。

そんなわけで「ちょっとやってみる」つもりで、先生のお知り合いだった三代目桂三木助師匠を紹介されて、そのまま本格的に弟子入りすることになり、「桂木久男《きくお》」の芸名をいただきました。1960（昭和35）年8月15日、ぼくが23歳のときです。

ところが、入門して半年もしないうちに、三木助師匠はガンでお亡くなりになってしまった。師匠の看病をしていただけで、落語家のスタートはまだ切っていません。「また漫画に戻ろうかな」という気もあったんですが、すぐに重要な選択を迫られてしまいます。

空気を読めないバカだったおかげで正蔵師匠の弟子になれた

三木助師匠には、ぼくを含めて4人の弟子がいました。葬儀が終わってしばらくして、三木助師匠とは義兄弟だった五代目柳家小《やなぎやこ》さん師匠と落語協会会長の八代目桂文楽《ぶんらく》師匠が、亡くなった三木助の弟子を集めて「お前さんたち、師匠が亡くなってたいへんだろう。そこでだが、誰のところに行きたい」って聞かれたんです。みんな真打になっていないので、どこかの師匠の一門に入ってやり直さなければなりません。

兄弟子たちは次々と「ぜひ小さん師匠に」と言ってる。楽屋に出入りして落語の世界の情報を知っていたから、「選択」ができたんですね。ぼくはずっと師匠のお世話をしていて、寄席にほとんど行ってない。どの師匠はどういう人とか、何の情報もありません。

流れとしては、ひとりぐらい文楽師匠って言わないとマズイんです。そのとき、とっさにぼくの頭に浮かんだのが、八代目林家正蔵師匠のことでした。「林家正蔵師匠のところに」と言葉が出ました。文楽師匠は「あ、そう。じゃあ、私からよっちゃん（正蔵師匠の本名・岡本義《おかもとよし》）に言っておくから」という返事でした。

あとで未亡人のおかみさんから「なんであんなこと言ったの。正蔵師匠と文楽師匠は犬見に意前以、て」

猿の仲なのよ」って言われました。「小さん」という名前の襲名をめぐって、以前に意見の対立があったそうです。ぼくはそんなことはぜんぜん知らなかったし、もう手遅れですよね。でも結果的には、空気を読めないバカなぼくが、大きな当たりを引きました。

けっして、口から出まかせで「正蔵師匠」の名前を出したわけじゃありません。三木助師匠が病気が重くなって寝込んでらしたときに、正蔵師匠はポチ袋に現金3万円を入れて、お見舞いにくださったんです。おかみさんが「ウチの人がいくら有名っていったって、仕事に行けなかったら一銭にもならない。今は正蔵師匠のこれがいちばんありがたいのよね」っておっしゃってたのが、印象に残っていました。

また、正蔵師匠は浅草に近い稲荷町《いなりちょう》の小さな長屋にお住まいと聞いていました。そうすると、弟子の仕事である家の掃除も楽だろう。お子さんもとっくに成人してらっしゃるから、子守をする必要もない。三木助師匠のところは家が広くて、小さなお子さんが3人いました。掃除も子守もたいへんだったんです。私が子守をしていた当時5歳の盛夫《もりお》君（第2子の長男）が、のちの四代目桂三木助です。

漫画に戻ろうかなという思いはなくなって、落語を続けることになりました。たぶん落語という芸や噺家という仕事に魅力を感じてきていたんでしょうね。バカは自分の気持ちに気が付くのに時間がかかる。このとき、自分に合った道から外れずに済みました。

1961（昭和36）年3月、正式に林家正蔵の弟子になって「林家木久蔵」の芸名になりました。三木助師匠時代の「木久男」の「木」に、正蔵師匠が自分の「蔵」の字を加えて、「久」は縁起がいい字だからそのまま使おうと言ってくださった。「木久蔵」の名前には、名人おふたりの師匠の字が入っているんです。そして真打になっても、長く「木久蔵」を名乗っていました。

正蔵師匠の筋の通った頑固な行動や何気ない言葉に多くのことを学んだ

正蔵師匠から何度「馬鹿野郎」って叱られたか数え切れません。でも、言葉っていうのは使う人や言い方によって、ぜんぜん意味が違ってきますよね。師匠の「馬鹿野郎」には、あたたかみがあるというか、包み込むようなやさしい感じがありました。「馬鹿」だけじゃなくて「野郎」が付いているから、単なる罵倒《ばとう》の言葉じゃなくて、こっちに呼びかけてくれている。俺が面倒見てやるっていう気持ちが裏に含まれてるように聞こえるんです。一種の思いやりの言葉なんですよね。

正蔵師匠は気が短くて「トンガリの正蔵」なんて呼ばれてました。といっても何にでも怒りっぽかったわけではなく、筋の通らないことが嫌いだったんです。師匠は新宿や上野の寄席に通うために、地下鉄の通勤定期を持っていました。でも、私用のときには「定期っていうのは仕事で使うために割り引いてもらってるんだから」と言って、わざわざ別に乗る区間の切符を買っていました。顔見知りの駅員さんも、持っているはずの定期を使わない師匠に、さぞビックリだったでしょうね。

とっても真面目な方だったんですけど、何気なく口にされる言葉がネタの宝庫でした。正月明けに神棚のお供え物の餅にカビが生えてたたんです。師匠が「水餅にしよう」っておっしゃったので、餅を削ってました。ぼくのナイフを使う様子が危なっかしかったのか、師匠がジーッと見ている。なんか気まずくて「師匠、どうして餅にはカビが生えるんでしょうね」って聞いたんです。そしたら師匠は、おっしゃいました。

「馬鹿野郎、早く食わねーからだ」

またあるときは、テレビでバスケットボールを見ながら、画面に向かって「誰か教えてやりゃーいいじゃねーか」ってブツブツ文句を言ってる。「師匠、どうかいたしましたか？」って聞いたら、

「さっきっから若えヤツが、ボールを拾っちゃあアミの中に入れてるが、底が無えのを知らねえんだ」

そんなことをおっしゃるんですね。区長さんに頼まれて選挙の応援演説に行ったときには、立派なマンションの前に停めた選挙カーから「長屋のみなさん」って呼びかけてました。すべて実話です。本当に面白い師匠でした。

師匠は自分の肌で江戸の残り香を感じられた最後の世代

師匠は1895（明治28）年の生まれで、昔の江戸の言葉が自然に出てきました。「馬鹿野郎」は枕詞《まくらことば》みたいなもんなんですけど、怒ってるときは「おい、やっこ」って言うんです。奴さんの「やっこ」ですね。「おい、やっこ。下駄ちゃんとそろえとけ」とか。目下の人に使う言葉なんですけど、責める意味が含まれているので、ニュアンスとしては「若造」に近いでしょうか。

「おきやがれ」って言葉も、よく使ってました。兄弟子が何かしくじって師匠に叱られているときに、「でも師匠」って弁解しようとしたんです。そしたら師匠が「おきやがれ！」って怒ったんですよね。兄弟子は寝てたわけじゃないし、どうして起きろって言われてるのかなと最初は不思議でした。「てめえの言い訳はおいといて、俺の叱言《こごと》を聞け！」という意味なんです。

実際に使っている人を見たのは、師匠が最後です。「べらぼうめ」とか「この唐変木《とうへんぼく》」なんて言葉も、よく使ってました。若い人は、どういう意味かわからないでしょうね。

師匠は、自分の肌で江戸の残り香を感じられた最後の世代です。師匠の江戸の空気は、とても素敵でした。落語には、とくに怒ってタンカを切る場面がよく出てきます。ぼくたちが古典落語をやってると、普段は使わない言葉がたくさんあって、やりづらいんです。しゃべってもしっくりこない。師匠たちはすぐそばに江戸があったから、同じ言葉を口にしても奥行きが違いましたね。

そんな師匠が口にする「馬鹿野郎」には歴史と文化と伝統と、そして弟子への愛が詰まっていました。「馬鹿野郎！」バンザイ！

師匠を落語の種にしているのは恩返しとして名前を後世に残したいから

年代によっては「正蔵」より「彦六」という名前のほうが、より印象に残っている人も多いかもしれません。師匠はとても律義な方で、1980（昭和55）年に先代の林家三平師匠がお亡くなりになったあと、一代限りという約束で名乗っていた八代目「正蔵」の名前を海老名家《えびなけ》（先代林家三平師匠のご実家）にお返ししたんです。「死ぬまで使っていい」という約束だったから、あわてて返す必要はなかったんですけどね。

ですから、亡くなるまでの最後の1年は「彦六」を名乗って、1982（昭和57）年に86歳で亡くなりました。

ご存じのとおり、今は先代の三平師匠のご長男が九代目の「林家正蔵」を受け継いでます。2005（平成17）年に当時の「こぶ平」さんが「正蔵」を襲名したときは、三平師匠の惣領《そうりょう》弟子の林家こん平師匠がご病気だったこともあって、代わりにぼくが口上でお手伝いさせていただきました。尊敬する師匠が大切にしてきた大名跡《だいみょうせき》の晴れの門出ですから。

師匠の逸話を落語にした「彦六伝」や「新・彦六伝」は、ぼくの十八番《おはこ》です。もともとは噺のまくらで師匠の思い出話をしていたのがきっかけだったんですが、それがとってもウケたので独立した噺になってきたんです。

師匠は家族も弟子も知らないうちに、献体やアイバンクの手続きをしてました。しかも、日頃から弟子に「俺に何かあっても葬式なんかやるな。死んだ人間が生きている人様を忙しくさせちゃあ申し訳ない」と、おっしゃってました。そもそもご遺体は献体したので、大学病院に持って行かれちゃってる。お亡くなりになったあと、ちゃんとお別れができていなかったんです。

ご家族や弟子も、このまま八代目「林家正蔵」は世間の人の記憶からだんだん忘れられていくのかと思うと、とっても悔しくて。恩返しの意味を込めて、師匠の芸名や人となりをぼくなりに伝えられたらと思ったんです。

嬉しいことに、学校寄席で中学校や高校に行って生徒さんの前で「彦六伝」の噺をすると、大笑いしてくれる。その子たちは、生前の師匠を見たことはありません。師匠の落語も聞いたことはないんですが、「林家彦六」という噺の名人がいて、86歳まで高座を務めたという話を聞いて驚いてくれます。

しかしまあ、お亡くなりになって40年以上たつのに、師匠の「彦六伝」で稼がせてもらってるのは、ありがたいことです。

まわりを気にせず自分の常識を貫いたカッコいいバカだった

明治生まれのぼくの師匠は、とにかく大きい人でしたね。目先の損得とか世間の目とかまったく気にせず、自分の信念のままに生きて、落語という芸をとことん追求した。遺言でお葬式をあげませんでしたが、その分の費用を弟子ひとりひとりに30万円ずつ遺してくれたんです。

ただ、ぼくはもらってなかったので、ご長女のところに「あの、すいません。ぼくはもらってないんですけど」って催促に行ったら、「あら、やだわ。あんたと紙切りの林家正《しょう》楽《らく》さんは、売れてるからあげなくていいって、お父さんの遺言だったのよ」って言われて、大笑いだったんですけどね。

八代目の師匠のお金の使い方は、とことん粋でした。亡くなった林家時蔵《ときぞう》（のちのはやし家林蔵《りんぞう》）さんっていう弟弟子がいたんです。師匠は怪談噺や芝居噺が得意でよくやってたんですけど、それには大道具がいります。土手のススキが揺れてる風景とか、お月様が出ている背景とか。時蔵さんは、大道具を作るのがうまかったんです。

あるとき、師匠が「時蔵は偉いね」って、しみじみとおっしゃる。「どうしてですか」って尋ねると、

「釘《くぎ》をくわえてやがる」

「釘をくわえてるとなんで偉いんですか」

「馬鹿野郎、釘をくわえていたら先っちょが濡れるだろ。板に打った釘が先っちょでサビて釘が抜けにくくなる。そういうことをあいつは知ってるのが偉いって、俺は言ったんだ」

そう説明されました。

大道具作りだけじゃなく、時蔵さんは師匠にいろいろと尽くしていました。時蔵さんが真打に昇進することになりました。真打に昇進するにはたくさんお金がかかります。あちこちに配る挨拶の口上や手ぬぐいを作ったり、各寄席の披露興行で10日間ずつ回るたびに

打ち上げがあったり。ご祝儀より持ち出しのほうがはるかに多い。

師匠が「あいつは身寄りもないし、客もないから」と、ご祝儀に１００万円の大金をはずんだんです。お祝いには3万円もあげれば十分なんです。しかも50年ぐらい前の話ですから、今の１００万円とは値打ちが違います。おかみさんが「うちだってお金がないのに、お父さん、１００万円もあげちゃったのよ」ってぼくたちにこぼしてました。師匠としては、いつも自分の世話をしてくれている弟子への特別な情だったんじゃないでしょうか。

献体までしてお亡くなりになったあとで弟子に配った30万円もですけど、そんなことしてくれる師匠はいません。時蔵さんの話を聞いたときは感激して、兄弟子たちと「俺たちはいい師匠のところに入門したな」って話したんです。「なんで弟子に１００万円も祝儀をきるんだろうね」って話なんですけど、師匠は江戸前のさわやかな気質だから、当然のことだったんでしょうね。

清水崑先生は才能の種を見抜いて、落語家になれと背中を押してくれた

話がさかのぼりますけど、東京都立中野工業高等学校の食品化学科を卒業したぼくは、入社試験と面接に受かって森永乳業に入社しました。食品関係の会社なら、食べ物に苦労しないだろうと思ったんです。きちんと会社勤めをして、苦労して育ててくれた母親を安心させたいという気持ちもありました。大きな一流の会社に入社できたと、母親はとっても喜んでくれましたね。

ところが、4か月で辞めてしまいました。新宿工場の原乳課で牛乳を入れる一斗缶をひたすら洗う下働きがあったんです。ある日、手が濡れているので原乳缶を足に落としたら、翌日は足がハレてもう痛いのなんの。

子どもの頃から、映画関係の仕事に憧れてました。映画の仕事に少しでも近づきたくて、高校2年生の秋に、定期試験をサボって俳優座研究生の試験を受けに行ったこともあります。今思うと、チャンバラが大好きでそっち方面の仕事をやりたいのに、新劇の俳優座を

受けるのは方向がまったく違うんですけどね。

俳優座の試験会場に来ていたのは、個性豊かで気合満々の若い受験生ばかりです。パントマイムと筆記の試験がありました。パントマイムのお題は「青年が女の子を誘って芝居を見に行くが、劇場の前で切符を家に忘れてきたことに気づいた。切符を取りに戻った青年の様子を演じなさい」でした。

パントマイムなんてやるのは初めてでしたけど、黒のタイツ姿で一生懸命やったんです。審査員に東山千栄子《ひがしやまちえこ》先生がいらっしゃいました。のちに歌手で売れたあの雪村《ゆきむら》いづみさんも、同じときに受けていたんです。


森永乳業で初めて給料をもらったときに、小学校時代の永瀬《ながせ》君という親友と飲みに行きました。彼は出版社に就職していました。漫画の話で盛り上がり、「サザエさん」を描いている長谷川町子《はせがわまちこ》さんの4コマ漫画1回の稿料は3万円だと聞きました。ぼくの初任給が5500円だったから、これはスゴイとビックリしましたね。

永瀬君は「豊田《とよた》（編集部注・著者本名）は絵の才能があるんだから、男の長谷川町子になればいいじゃないか。お前ならなれるよ」と言う。酔ってるから「いいねえ」って、ぼくもすっかりその気になりました。永瀬君が「清水崑先生のところで書生さんを探しているから、やってみたらどうだ」って助言してくれました。

清水先生は、カッパの絵や新聞の政治漫画で有名な一流の人でした。1956（昭和31）年の7月から、鎌倉の清水先生の家で研究生として働き始めました。近所に下宿して朝8時に先生の家に伺って、夜8時までの約束です。お手当は月3500円。森永のときよりも収入は下がりましたが、3食付きだし下宿代も先生持ちなので、生活には困りませんでしたね。

声色をしながら漫画を描いていたら先生に感心された

先生は、同じ鎌倉に住んでいた文化人と交流がありました。川端康成《かわばたやすなり》、小林秀雄《こばやしひでお》、大佛《おさらぎ》次郎、今日出海《こんひでみ》、横山隆一、横山泰三……。すごい先生方ばかりです。あるとき、『鞍馬天狗』の作者の大佛先生と直接お話しできたのは感激でした。

ぼくは先生のお宅では三畳間をあてがわれて、あいた時間にはひたすらチャンバラ漫画を描いていました。アイディアに行き詰まると、立ち上がって自分でポーズをとってみる。

そのときに「おのおのがた」とか声を出しながら描いていたんです。ある日、ぼくの部屋からいろんな声がするのを先生が気づいて、「うまいもんだな」と感心されました。

そんなことがあって、「お前さんは面白いから落語をやってみるといい」と、三代目三木助師匠に紹介してくださったんです。落語にはとくに興味はなかったんですけど、「絵も描けて落語もできたら売れるよ」という先生の言葉を聞いて、その気になりました。今も昔も「売れるよ」って言葉に弱いんです。

けっして清水先生のところをクビになったわけじゃありません。書生の将来を考えるのも先生の親心だし、可能性を広げてやろうと落語の世界を勧めてくださった。きっとぼくの性格の中のバカの種を見いだしてくださったんでしょうね。さすがの眼力《がんりき》です。

だから「三木助師匠のところに行け」と言われても、ショックとかそういうのはありませんでした。基本がお気楽ですから、落語の世界をのぞいて漫画に描くのも面白そうだな、適当なところでまた戻ってくればいいやと思っていたんです。まさかそのまま60年以上も落語家をやるとはね。

清水先生のお見立てどおり、絵も描ける落語家はとっても重宝《ちょうほう》されました。テレビ時代に向いているという予想も、見事に当たりました。あのまま漫画だけの道を歩んでいたら、どうなっていたでしょうね。もしそこそこ売れたとしても、何十年も続くもんじゃありません。少なくとも、この高齢まで仕事を続けてはいなかったでしょう。

先生からいただいた言葉で今でも覚えているのが、「ひとり高く！　孤高であれ！　お前さん、群れなさんなよ！」です。その教えは、ずっとぼくの指針となり、折に触れてぼくを励ましてくれました。

桂三木助師匠を訪ねていったら、本物の落語家をやることになった

清水崑先生が三代目桂三木助師匠に紹介の手紙を書いてくださって、それを持って田端の師匠のお宅に伺いました。

「落語が大好きで噺家になりたいんだね。私の落語ではどんな噺が好きなんだい？」

手紙にどう書いてあったのかはわかりませんが、三木助師匠は緊張して座っているぼくにそう尋ねました。それまで落語は、ラジオで聴くぐらいでどんな噺があるのかほとんど知りません。三木助師匠のことも「ラジオの『とんち教室の人だ』」ぐらいの認識でした。

「えっと、『饅頭怖い《まんじゅう》』でしょうか……」

困っちゃって、かろうじて知っている噺の題名を言ってみたんです。そしたら師匠は「おお、そうかい。私は『饅頭怖い』はめったにやらないんだけど、あの落語会のときに来てくれてたんだね」って喜んじゃった。

それはよかったんですけど、最初に師匠からこう言われてしまいます。

「噺家になるなら、本腰を入れてもらわないと困りますよ。漫画はやめて、毎日ウチにいらっしゃい」

落語の世界をちょっとのぞきに来たつもりだったのに、ずいぶん大ごとになったなあと思いました。でも、そう言ってくださっている師匠に「いえ、ちょっとのぞくだけでいいんですけど」とは言えません。「どうにかなるか」と思って弟子にしていただきました。

三木助師匠は、独特の美学がある方でしたね。仕事で地方に行くときに、上野駅で師匠に「駅弁を買ってきな」と言われました。いろんな種類があるけどどれがいいのかなと思ってたら、師匠は「いちばん高いのにしな」とおっしゃるんです。弟子にも、当時で1500円ぐらいする高いお弁当を食べさせてくれました。

いちばん高い弁当は、いちばん手がかかっている。玉子焼きひとつにしても、昆布の佃煮にしても、いい材料を使って最高の技術で作ったものに違いない。噺家はしゃべる商売なんだから、口がおごってなきゃいけない。ちゃんとおいしいものを知ることも、大事な勉強なんだ。高座で貧乏暮らしの話をしても、口はおごってなきゃいけない。師匠は、そういう考えをお持ちだったんです。

家にいるときもグルメでした。お味噌は上野松坂屋の地下の八丁味噌、焼き鳥は人形町、佃煮は浅草と決まっていて、弟子が買いに行かされるんです。ぼくは「焼き鳥や佃煮なんて、田端の商店街にもいっぱい売ってるのにな」と思いましたけど、師匠は譲りませんでしたね。

蕎麦屋に入るときもそうでした。師匠がお好きだったのは、今もある神田の「まつや」です。たいてい空いている時間に行って、どの席に座るかも決まってた。どうしてなんだろうとずっと思っていて、師匠が亡くなったあと、ぼくもその席に座って蕎麦の注文をしてみたんです。そしたら、店の厨房で蕎麦を作っている様子がよく見える。しかも出口に近いから、お金を払ってからスッと外に出やすい。「なるほど、そうだったのか」って納得しました。

こだわりというのは、他人からは意味のないバカげたことのように見えることがあります。でも、必ず理由があるし、そのこだわりを貫かないと得られないものがある。とりあえず素直に人に従ってみるバカ特有の素直さは、大きな武器だと思います。

仲間を集めて自分が死んでいく瞬間の様子を見せようとした

ぼくが入門したときは、すでに師匠の身体は全身にがんが転移している状態でした。寄席や落語会でも、出番が来るまで楽屋で寝ている。歩いて高座に上がれないから、板付きって言うんですけど、いったん幕を下ろして、弟子が支えて師匠を舞台の真ん中にお連れし、釈台《しゃくだい》という台を支えにして師匠が座ると、幕を上げるんです。

そういう状態でしたから、ぼくは師匠からじかに稽古をつけていただいたことはありません。一度だけ、兄弟子が稽古をつけてもらっているとき、おかみさんに「あなたも聞いてなさい」と言われて、隣の部屋で聞いたことがありました。ただ、いつも師匠のカバン持ちをしていたので、舞台の袖から師匠の「芝浜」「蛇含草《じゃがんそう》」「三井の大黒」といった名人芸を目の当たりにできたのは、貴重な経験でした。

師匠がお亡くなりになったのは、1961（昭和36）年1月でした。亡くなる少し前のこと、師匠は「私が死ぬところを親しくしていただいたみなさんにお見せしたい」と言い出したんです。八代目桂文楽師匠、五代目古今亭志ん生師匠、五代目柳家小さん師匠といった方々が、夜席の寄席が終わって9時半頃から駆けつけてくださって、師匠の家の八畳間に集まりました。

師匠は糊《のり》のきいた浴衣の上にカッコよく羽織をひっかけている。ぼくと兄弟子の木久八《きくはち》さんのふたりで、師匠を後ろから支えて布団から起こしました。でも、そう都合よく死ねるもんじゃなくて、師匠が深く息を吸い込むたびに、みなさんは固唾《かたず》を呑んでいます。しばらく沈黙が続きましたが、志ん生師匠が、

「なかなか死ねないねえ」

とおっしゃった。三木助師匠も力なく苦笑いです。みなさん「また来るよ」とお帰りになりました。同じような集まりが3回ぐらいあったでしょうか。それから1週間して、誰もいない朝、静かに旅立たれました。

自分の臨終まで面白くしようとするんですから、噺家というのはスゴイ商売ですよね。呼ばれたからといって見に来るほうも見に来るほうです。一生懸命に死のうとしている師匠の姿や、背中を支えている手のひらから伝わってくる冷たい体温、師匠方の真剣なまなざし。落語家としてたいへんなシーンを学んだ気がします。

それにしても、おかみさんはどういう気持ちで見てたんでしょうね。みなさんが帰るときに「せっかくお集まりいただいたのに申し訳ありません」なんて謝ってましたけど、落語家のおかみさんには不思議な苦労や気づかいがあるものです。

母親はぼくが仕事を変えるたびに「また初めからだね」と言っていた

のんきで大らかな母親のおかげで、ぼくはのびのびと育つことができました。サラリーマンを辞めたときも、漫画家から落語家になったときも、正蔵師匠にお世話になることになったときも、母はいつも同じ反応だったんです。

「お兄ちゃん、また初めからだね」と言ってくれました。母の縛りのない言葉のおかげで、いろんなことがあっても落ち込まず、前向きにがんばれた気がします。

ぼくが生まれ育ったのは日本橋の久松町です。実家は雑貨問屋で、通いの番頭さんもいてとてもにぎやかでした。ところが、3回目の東京大空襲で実家が焼けてしまいます。移り住んで、西荻窪に落ち着きました。終戦になってから小さな雑貨屋を開いたんですが、父親はがんばってもり立ててきた日本橋の店がなくなったことがショックだったんでしょうね、人柄が変わっていっこうに働かなくなってしまったんです。

このままじゃどうしようもないということで、両親は離婚しました。父はいちばん下の次女を連れて出ていって、ぼくと長女と生まれたばかりの弟は、母と暮らすことになりました。母はまさにがむしゃらに働いて、ぼくたちを育ててくれました。雑貨屋の店だけでは食べていけません。お店は午前中は暇なので、朝早くから駅前で宝くじや新聞を売り、それが終わるとお豆腐屋さんから豆腐や油揚げを預かって、住宅地に歩いて売りに行きます。豆腐と水がいっぱいに入ったバケツは、どんなに重かったことか。

そんな母を見て、ぼくも少しでも役に立ちたいと思い、小学4年生から新聞配達をすることにしました。毎朝4時に起きて、ひと駅隣の荻窪にある新聞販売店まで走って行きます。160軒ぐらいの家に、雨の日も風の日も新聞を届ける。けっして楽ではありませんでしたが、高校を卒業するまで続けて、学費は全部自分で稼いでいました。

ぼくは物事をあまり深く考えずに、すぐ話に乗ってしまう気の早い性質があるんですけど、それは母譲りなのかなと思います。戦後すぐの頃、近所の商店の人たちで困ったときに助け合うための「講」をやっていたんですが、母が紹介した人がお金を使い込んでしまうという事件がありました。たぶんその人は最初から悪い魂胆《こんたん》があって入ってきたんでしょうけど、人のいい母は「いいわよ。私が人を紹介してあげる」ってな調子だったんでしょうね。

近所の公園でブランコに乗った70代の母の背中を押した

母が大らかな性格だったのは、生まれ育った環境が関係していたんじゃないでしょうか。浅草に実家があって、そこはお針子さんをやってたんです。修業中の芸者さんの浴衣を縫ってあげたりする仕事で、会話にせよ暮らしにせよ、江戸っ子の粋な芸事の世界が身近にあった。で、母の名前が「縫子《ぬいこ》」。お裁縫の縫です。本人も小唄の師匠でした。

サラリーマン的な堅実な世界とはまったく無縁だったから、「何といっても月給取りがいちばん」みたいな発想はなかったんでしょうね。漫画にせよ落語にせよ、リスクの多い先行き不安定な怖い世界というより、「お兄ちゃんならどんな仕事でも、がんばれば何とかなるわよ」という感じだったんだと思います。

「笑点」を見るのが楽しみで、最初の頃は始まる前に、あちこちの知り合いに電話をかけて「これからウチのお兄ちゃんが出るから、見てちょうだい」と言ってました。「笑点」を見てると気になるのか、ちょくちょく「お兄ちゃんね、最近座布団が少ないけど、三波《みなみ》伸介《しんすけ》さんにちゃんとお歳暮やお中元を贈ったほうがいいわよ」とか「お兄ちゃんも、圓楽さんみたいにちゃんとしたことを言ってみたら」なんて言ってました。

真似できないなと感心したのは、義父が亡くなったときに、遺骨を入れた白木の箱を電車の網棚に置き忘れてきたんです。自分は三鷹で降りて、遺骨だけ終点の高尾まで行っちゃった。持って帰ってくるはずの遺骨がないから「お母さん、遺骨はどうしたの？」と聞くと、「あら、電車の中だったわ」って。なんか飛んでる人でしたね。

母は歳をとってからは近くにアパートを借りて住んでいたんですけど、ちょくちょくウチにやって来たんです。「お兄ちゃん、ヒマかい？」って聞かれて、「今日は珍しく何もないよ」と言うと、「じゃあ、ブランコ乗りに行こう」って。「えっ、ブランコ？」「裏に公園ができて、ブランコがあるのよ。ひとりじゃあれだからさ」なんて話しながら、ぼくは行きましたよ、ブランコ。

40代の息子が、ブランコに乗っている70代の母親の背中を押している。微笑ましい光景かもしれませんけど、自分は「何やってんだろう、俺……」という気持ちもありました。でも「親孝行なんだな、これは」と思ってブランコを押してました。母にはこれまでの人生でたくさん背中を押してもらったから、少しはお返しができたかもしれません。

母は、１９８９（平成元）年に76歳で亡くなりました。母の知り合いに会うと「縫子さんは、いつもあなたのことを心配していた」って話を聞くんです。いつも「ウチのお兄ちゃん、バカでね。三波さん、しくじって座布団もらえないの」なんて言っていたらしい。きっと、テレビに出ている息子にハラハラしてたんでしょうね。

ぼくがバカの種を伸ばして大きく売れたのは、母のおかげです。バカを極めたことで親孝行ができたんだとしたら、バカ丸儲けですよね。

第4章 私が出会った偉大なバカ

横山やすしさんのお酒の飲み方は、想像や常識をはるかに超えていた

バカはバカを呼ぶと言いますか、もちろんぼくが人様を評して言う「バカ」は最大限のホメ言葉なんですけど、たくさんの偉大で素晴らしいバカと出会ってきました。

なかでも筋金入りというか、トップバッターにふさわしいバカの王様といえば、文句なしに横山やすしさんです。１９８２（昭和57）年に「全国ラーメン党」を立ち上げたときには副会長になってもらったんですけど、それまでも長い付き合いでした。無茶苦茶な人でしたけど、妙にウマが合ったんですよね。

最初にお会いしたのは、ぼくがまだ二ツ目だったから、昭和40年代の半ばぐらいです。有楽町の駅前にビックカメラがありますよね。当時、その場所にはそごうっていう百貨店がありました。その上のよみうりホールで、フジテレビの演芸番組を収録していたんです。「笑点」でやっているような大喜利なんですけど、当時はテレビの世界もゆるかったから、ぼくはそっちにも呼ばれて出てました。

司会が新進気鋭の「やすきよ」です。西川きよしさんも横山やすしさんも、まだ20代でした。2本撮りの休憩時間に、横山やすしさんが窓から有楽町の駅をボーッと見てたんです。なんか寂しそうだなと思って「どうですか、東京は？」って話しかけました。

「ワシなあ、知り合いがおらんのや。おもろないわ」

「そうですか。それはそうですよね。収録して、すぐ帰っちゃうんですよね」

「そうなんや。ところで、あんた誰や？」

「林家正蔵の弟子で、林家木久蔵と申します」

「知らんなあ。芸人は名前を知ってもろてなんぼやで」

そんな話をして、電話番号を交換したんです。「また飲みに行きましょう」なんて言って。でも、たいていの場合、そう簡単に飲みに行く話にはなりませんよね。

ところが、やすしさんは違いました。それから何日もたたないうちに、夜、うちにいたら電話がかかってきたんです。

「もしもし、木久蔵さんか。ワイや、横山やすしや。テレビ朝日の収録が終わったから、これから六本木に飲みに行くで。出てこんかい！」

その頃は三鷹の深大寺《じんだいじ》っていう郊外に住んでいましたから、そう簡単に六本木には出られません。「すいません。明日も朝、早いので」って丁重に断ったんですけど、「なに言うとんのや！　芸人が夜遊ばんでどないするんや！　ええから来い！」と、まったく引き下がってくれない。やっと電話を切って「やれやれ、逃げ切れた」と思って、家でのんびりしてたんです。そしたら、ぜんぜん逃げ切れてなかった。

夜中に家にやって来て物干し竿を振り回して雨戸を叩かれた

夜中の午前1時間半か2時ぐらいに、家の前でタクシーが停まったんです。「ここや、ここ」って大きな声が聞こえる。電話番号を渡すとき、いっしょに住所も書いちゃったんですね。それをたどって来ちゃった。

居留守を使ってたんですけど、ずっと「こら、おるんやろ。出てこんかい！」って叫んでる。当時の深大寺は家なんてまばらで、閑静《かんせい》どころか森の中ですからね。

困ってたら、家の電話が鳴りました。やすしさんは表でずっと騒いでるから、誰だろうと思いながら取ると、お向かいの方からだったんです。「小柄な男の人が騒いでいて、さっき豊田さんちの塀を乗り越えていきましたけど、警察呼びましょうか？」って。「い、いえ、大丈夫です。知り合いですから」って恐縮していたら、やすしさんは塀を乗り越えて、そのうち物干し竿で雨戸を叩き始めたんです。「落語の名人、木久蔵さん、木久蔵さんったら木久蔵さん。こら、顔見せんかい！」って叫びながら。ご近所迷惑もいいとこだから、しょうがなく窓から顔を出したんです。

「おるやないか、こら！　下りてこいや！　六本木に行くで！」

待たせていたタクシーで、そのまま六本木に連れていかれました。ぼくのどこが気に入ったのか、それからはやすしさんが東京に来るたびに電話がかかってきました。逃げても見つけ出してくるから、呼ばれたらもうしょうがない。いつも財布を持って駆けつけていました。なぜか勘定は、いつもぼく持ちだったんです。

やすしさんが飲むのが好きだったのは確かですけど、不思議なんですよね、バーに入ると15分もしないうちにケンカが始まる。「こら！　なんやお前！」「こら！　貧乏人！」って言いながら、隣のお客さんを蹴っ飛ばし始めるんです。さっきまでニコニコしてたのに。そのたびに、ぼくが「すいません、すいません」ってひたすら謝っていました。

タクシーに乗ったときも気が抜けません。銀座から新橋の焼肉屋さんに行こうと思ってふたりでタクシーに乗ったら、運転手さんがラジオを聞いてたんです。そしたら、運転手さんの後ろに座ったやすしさんが、いきなり背もたれを蹴り出した。

「こら！　後ろ見んかい！　林家木久蔵と横山やすしが乗っとるんや！　どんなおもろい話するかわからんで。ラジオ消せ、ラジオ！　おもろないわ！」

そういうときのために、ぼくは1000円札を3枚入れたポチ袋を持ち歩いてました。座席の横から運転手さんにそっと渡して「ごめんね。ちょっとこの人、今日は機嫌が悪くて。近くて悪いけど、新橋までお願い」って頼んで、どうにか行ってもらいました。今日だけ機嫌が悪いわけじゃなくて、いつもその調子なんですけどね。とにかく、想像も常識もはるかに超えた飲み方をする人でした。

そんなさんざんな目に遭いながら、なぜ横山やすしさんと飲んだのか

自分でも呆れてしまいますけど、横山やすしさんとは本当によく飲んでましたね。飲むたびに、何らかのトラブルに巻き込まれる。銀座の「グレ」っていう高級クラブに行ったときもすごかった。「姫」っていう有名クラブがあったんですけど、その系列で読売ジャイアンツの選手や映画スターなんかもよく来てた店です。

本来は座ると5万円なんですけど、ママが落語が好きで「木久ちゃんなら誰を連れてきてもひとり1万円でいいわよ」って言ってくれて、たまに行ってました。そこに、やすしさんを連れて行ったんです。美女に囲まれてご機嫌で、「レミーマルタン持ってこんかい！」って。あの人はいつもレミーマルタンなんです。

今日はお店でケンカを始めなくてよかったと思いながら、閉店だから帰ろうってことになった。ビルのエレベーターに乗ろうとしたら、そこに落とし穴があったんです。エレベーターが3基あったんですけど、上の店から下りてくるから、満員でぜんぜん乗れない。そ

のうちにやすしさんが怒り始めて、エレベーターに足をかけて閉じないようにして、「こらぁ、なんぼのもんじゃい！　ワシはな、月収２０００万や。お前らが80万か１００万か知らんけど、２０００万が乗れへんのに、なんで80万１００万が乗っとるんや。どけこら、降りんかい！」

そう言ってまた知らない人を蹴飛ばし始めた。乗っている人たちは「な、何をするんですか」なんて言いながら、ドアを閉めて降りちゃった。ぼくたちもやっと乗れて下に行ったら、その人たちが待ってるんです。

「君たち、失礼だろ！　なんで人を蹴ったりするんだ。理由を説明したまえ」

そう言われても、理由なんてないんだから説明できません。

「申し訳ありません。この人はもう酔ってて、私が接待したんですけど、もう出来上がってて何言ってるかわからないんです。あとでうんと小言を言っておきます。本当に申し訳ありません」

ぼくが土下座をして謝り倒して、やっと許してもらいました。そのあいだやすしさんは、相変わらず「２０００万やで！　この80万が！」って言ってる。あれは参りましたね。

次に何をやり出すかとドキドキさせてくれるのが楽しかった

ひどい目に遭わされて、しかもお金まで払ってあげて、どうしていっしょに飲んでたのかって不思議に思われるかもしれません。ひと言で言うと、そういう状況も含めて面白かったんですよね。やっぱり売れていた人だし、行動も発想も放つオーラも独特だった。本を何十冊読むよりもたくさんのことを学ばせてもらいました。

エレベーターに乗れなくて、いきなり「2000万が乗れへんのに、なんで80万が乗るんや！　降りんかい！」って言い出す。ヘンな感覚だなと思いました。そんなことを大きな声で口に出せる人は、なかなかいませんよね。

やすしさんは、明らかに「利口《りこう》」に分類される人ではありません。「バカ」の称号が似合います。しかも、かなり純度が高いバカの煮凝《にこご》りみたいな人です。常にドキドキしながらお付き合いしていました。いつ何が起こるか、どこでどんな反応をするかわからない。そんなドキドキを味わわせてくれるのが、とても魅力的なんですよね。

ちょうど全国ラーメン党を結成した頃かな、やすしさんは久米宏《くめひろし》さんといっしょに「久米宏のTVスクランブル」に出演していました。あの番組に出るときは、だいたい酔ってましたよね。それで収録に来ないときもあったりして。やすしさんに「さすがにまずいから、収録が終わってから飲んだらどうですか」って言ったんです。そしたら、「おもろないわ！　久米のヤツ、スカしやがって。あいつは笑いがわからんのや。吉本が取ってきた仕事やからしょうがなしにやっとるけどな」

と文句言ってました。お酒のことでいろんな人に注意されて、飲まないようにマネージャーやスタッフが目を光らせていたんでしょうね。そのうちテレビ局の全部のトイレの鏡の裏側に、ウイスキーの小さな瓶を隠し始めた。それをこっそり飲んでからスタジオに入るんです。お酒に対する執念がすごいですよね。

やすしさんは7歳ぐらい年下なんですけど、ずっとぼくが敬語を使っていました。あちらのほうがぜんぜん売れてたし、やすしさんは関西弁、ぼくは東京のしゃべり方なんで、敬語を使っていると安心してくれたみたいです。敬語を使うというのは、ややこしい人と付き合う上で、大事なコツですね。ジャンルは違いますが、お互いに芸人としてリスペクトし合っていたと、ぼくのほうは思っています。

結局、好きすぎたお酒で寿命を縮めて、1996（平成8）年に51歳の若さで亡くなりました。早かったなと思いますが、濃い人生でしたね。たいへんな目にも遭いましたけど、やすしさんのようなバカのエリートと付き合えて、ありがたかったと思ってます。何より、とっても楽しかった。夜中に家に来られるのは、もう勘弁してほしいですけど。

三遊亭小圓遊さんには、お酒関係でいろいろ困った思いをさせられた

「笑点」のレギュラーメンバーだった四代目三遊亭小圓遊さんは、歳は同じなんですけど、落語の世界では先輩にあたります。小指を立てながら「ボクちゃん」とか「巷《ちまた》では」なんて言って、キザなキャラクターでおなじみでした。桂歌丸さんとの罵倒合戦も大人気でしたね。もちろんあれは番組を盛り上げるための演出です。実際のおふたりはとても仲が良くて、だからこそ言い合うときも息がピッタリでした。

あの方も、お酒が何より大好きでした。人間はもともとバカな生き物ですが、お酒を飲むともっとバカになります。横山やすしさんもそうでしたけど、お酒を愛しすぎた人を通じて、また人間が持つ独特の一面を見ることができます。小圓遊さんも、私にとっては人間を教えてくれる大切な先生でした。

あるとき、小圓遊さんに「木久ちゃん、いいおだんがいるから、いっしょに六本木に行

こう。ちゃんと車代もくれるから」って誘われたんです。そういうありがたい話には、ぼくはすぐに乗っちゃう。「おだん」というのは「旦那」のことで、要はおごってくれる人です。

小圓遊さんは日頃からキザというか、カッコつける人でした。飲みに行くときは、いつも流行最先端の派手な洋服に身を包んで、颯爽《さっそう》と歩いてるんです。ぼくを時々飲みに誘ってくれたのも、「世間に顔が知られている売れっ子の後輩を連れ歩いている」っていう見栄があったんじゃないでしょうか。ぼくは、いつもニコニコして「さすが兄《あに》さんですね」なんて適当にヨイショするから、嬉しかったんでしょうね。

その日も、六本木の有名なクラブのカウンターでちょっと飲んで、階段を下りてフロアのほうに向かったんです。そしたら、超大物女性歌手の弟さんが仲間と飲んでた。小圓遊さんを見て、からかうような口調で「よう、お前テレビに出てる小圓遊じゃねえか。昨日見たぞ」って言ってきたんです。弟さんは、その筋と関係がなくもない方でした。

小圓遊さんも酔っ払ってるから、からかうような言い方をされて、カチンときたんでしょうね。「俺もお前のこと見てるよ。新聞で」って返した。弟さんは少し前に、事件を起こして逮捕されてたんです。当然というか何というか、「なんだとこの野郎、上等じゃねえか。

表に出ろ！」という流れになりました。おだんは真っ青な顔で立ってるし、ぼくもどうしていいかわかりません。

小圓遊さんが先に入り口に向かって歩いていって、回転ドアを力いっぱい「バーン」って押したんです。そしたらドアがぐるーんって回って、立ってる小圓遊さんに激突して、小圓遊さんが転んでのびちゃった。弟さんは「こいつバカだな。ひとりでケンカしてやがる」って呆れて、「行こう、行こう」って別の店に仲間を連れていっちゃった。

ケンカにならなくてよかったんですけど、なんか喜劇映画のワンシーンを見てるみたいでしたね。笑っていいのか心配していいのか、よくわかりませんでした。やがて起き上がった小圓遊さんは、相手がいないことに気づいて「フン、口ほどにもないヤツ」なんて言ってましたけど。

「笑点」でぼくがウケると楽屋に戻ってから小言が始まった

ぼくが三鷹に住んでいた頃、小圓遊さんの家は高井戸で、帰る方向が同じでした。「木久ちゃん、ぼくの車に乗っていきなよ」って言ってくれて、嫌だなあと思ったんですけど、タクシー代が助かるから乗りますよね。すると「ちょっとウチに寄ってかない」って言われる。そこで無下に断るのも失礼なので、寄るわけです。

茶の間に通されて、小圓遊さんがおかみさんに「木久ちゃんはもう仕事の帰りだから、一杯出してあげてよ。ほら、このあいだもらったワインがあったでしょ」なんて言ってる。小圓遊さんは飲みすぎだったので、家ではお酒は出してもらえない。小圓遊さんにはお茶とお菓子です。

おかみさんがぼくに出すおつまみを取りに部屋を出ていくと、その瞬間に、小圓遊さんがぼくの前にあるワインを飲んじゃう。おかみさんが戻ってくると「木久ちゃんは好きだから、もう飲んじゃったよ。注いであげて」なんて言ってね。で、またおかみさんがいなくなると、自分が飲んじゃう。ぼくがよっぽどの酒飲みみたいで、あれは嫌でしたね。そこまでして飲みたいんだなって、人間の業《ごう》みたいなのを見せてもらいましたけど。

小圓遊さんは、お酒がらみ以外でも、困らされたことがありました。とっても繊細な人で、まあ芸人なんて繊細な人が多いんですけど、細かかったんです。「笑点」の収録で、ぼくがいい答えを言ってウケると、楽屋に戻って来てから小圓遊さんの小言が始まる。「木久ちゃんね、あの答えはぼくが言おうと思ってたんだよ」なんて言って。

ぼくとしては自分で考えて答えたんですから、そう言われても「はあ、そうですか」しか言えません。話はそこで終わらなくて、そこから「去年、いっしょに地方に行ったときに、キミは先に列車に乗っちゃった。おかげでぼくはトイレの近くの席になって」なんてことを延々と言ってる。「芸人というのは気配りが大事なんだ」とか何とか。「田舎者」「マヌケ」「ドジ」とか、面と向かってしょっちゅう言われてましたね。

その頃は、ぼくがちょっとずつ売れ始めてきて、小圓遊さんは小圓遊さんですごく売れてたんですけど、気になってしょうがなかったんじゃないかと思うんです。正直、小言を聞くのは面倒臭かったですけど、興味深い観察対象ではありましたね。

お酒で命を縮めて、1980（昭和55）年に公演先の山形で倒れてそのまま亡くなりました。これもご縁というか、その公演にはぼくも行ってて、小圓遊さんの最期を看取ってるんです。まだ43歳でした。そんなに早くお別れすることになって、とっても残念です。もっといっしょに仕事をしたかったのに。

憧れの大スター嵐寛寿郎さんは、芸に生きた「役者バカ」だった

「鞍馬天狗のおじちゃん」の嵐寛寿郎さんは、子どもの頃からの憧れの人であり、林家木久蔵を世に出してくれた大恩人です。「笑点」で「杉作、ニホンの夜明けは近い！」が人気を集めたのをきっかけに、テレビで何度かご一緒できたり真打昇進披露のパーティに来ていただいたりといった直接のつながりができました。

アラカン先生は、もともと歌舞伎の役者さんで、1927（昭和2）年に黎明期《れいめいき》の映画界に入りました。映画でいちばん最初に演じたのが「鞍馬天狗」です。彼を映画に誘ったマキノ省三《しょうぞう》さんに雑誌の『少年倶楽部』を渡されて、「この中でどの役をやってみたい？」と言われた。旅館で読んで選んだのが、大佛次郎さんの『鞍馬天狗』だったんです。

あの方は喜劇役者のチャールズ・チャップリンやバスター・キートンの映画が大好きでした。角兵衛獅子《かくべえじし》の杉作が出てくる『鞍馬天狗』を読んだときに、同じように子どもが出てくるチャップリンの『キッド』を連想して、「これはイケるんじゃないか」と思ったら

しいです。もうひとつの当たり役の「むっつり右門《うもん》」も、キートンが自分はけっして笑わないのを役作りのヒントにしたと語ってらっしゃいました。

ぼくが真打になった1973（昭和48）年6月、真打披露パーティの案内状と手土産のしば漬けを持って、嵐寛寿郎さんの京都のご自宅に伺ったことがあります。それまでもテレビ番組などで、何度かお会いしたことはありました。住所を頼りに鴨川のほとりを歩いていくと、建売住宅がたくさん並んでいる。一軒の小さめの家の前で、和服姿の女性が自転車を磨いていました。

「このあたりに嵐寛寿郎先生のお宅はございませんでしょうか」

「はあ、ウチだす」

自転車を磨いていたのは、何番目かの奥さんでした。大スターが住んでいるとは思えない質素な構えの家でした。同じ時期に同じぐらい活躍した大河内傳次郎《おおこうちでんじろう》さんは、大河内山荘という山を丸ごとひとつ使った山荘があって、そこに築いた立派な日本庭園は観光地になってます。

アラカン先生も、お稼ぎになったお金は半端ではありません。映画1本のギャラが家一軒分です。でも、何度も結婚して離婚して、そのたびに全財産を相手の女性に渡しちゃってたんですよね。生涯で家を7軒建てたそうです。

「林家木久蔵です。このたび真打に昇進いたしますのでご挨拶に伺いました」と言ったら、「あらー、センセー待ってはったんですけどな。今しがた、高倉健《たかくらけん》さんの映画のロケで出かけましたんや」って。いちおう電話してから伺ったんですけど、すれ違いで会えませんでした。

奥さんが「センセーからのお祝いです」と、黒豆のふくませ煮をふた瓶くださいました。中に手紙が入っていて、「おめでとうございます。仕事でロケに行くのでお会いできません」と書いてありました。感激しましたね。その黒豆は大事にしまい込んで、家族に分けずに自分だけで少しずつ味わいながら食べました。

由美かおるさんの裸のポスターを集めてきて庭で燃やした

何度かお会いしていろんな話をする中で、ある日、唐突におっしゃったんです。

「木久蔵はん、由美《ゆみ》かおるという人を知ってまっか」

由美かおるさんは番組で何度かご一緒したことがあったので「はい、知ってます」と答えると、「わてに紹介してくれまへんか」と頼まれました。「えっ、新しい人と結婚したばかりなのに」と思ったのを覚えてます。それからしばらくして、「あのな、木久蔵はん、お願いがありますのや。京都へ来たらな、由美かおるはんの看板、あれ全部外してくださいい。ワシ、あのポスターがあちこちにあるのは我慢ならん」

そうおっしゃいました。由美さんが映画の『同棲時代』に出てて、真っ裸で後ろ向きに立って振り向いている大きなタテ型のポスターがあったんですよね。「あんな格好やと、寒いがな」って言って。ヤキモチみたいな気持ちもあったんですかね。アラカン先生の頼みですから、外しましたよ。留めてある針金をひねると、わりと簡単に取れたんです。

京都の町をあっちこっち回って、やっとの思いで7枚外して届けました。そしたら、河原でアラカン先生はそれで焚き火を始めちゃった。「燃えとりますな」って、とってもご機嫌でしたね。もちろん、ポスターを勝手に外すなんてことはしちゃいけないんですけど、天下の大スターですから、一般的な常識は通用しないんです。由美さんと映画会社には申し訳ないことでしたが、ぼくとしては「いい孝行ができた」と思って満足でした。

「笑点」で共演したこともあります。三波伸介さんが司会のときに「なんでも入門」というコーナーがあって、「チャンバラ入門」の企画でアラカン先生が出てくださった。三波さんに「キクちゃん、嵐寛寿郎先生だよ」と呼ばれて出ていくときに、置いてあった刀の鞘《さや》を踏んじゃったんですね。当たり前なんですけど、アラカン先生にすごい剣幕で、「刀は武士の命です。踏んづけるもんやおまへん！」と叱られました。挨拶してすぐいなくなる予定だったのが、怒られたことで番組的には面白く盛り上がって長いシーンになり、ぼくは得しちゃったんです。

ワイドショーでも何度か対談しましたが、ぼくや司会者が「鞍馬天狗のあのシーンは」とか話を振っても、まったく覚えてらっしゃらない。あのムスッとした顔とドスの利いた声で突飛なことを言い出すから、一時期、いろんな番組にたくさん呼ばれてましたね。晩年、寅さんやトラック野郎にも出て、渋い味を出してらっしゃいました。

アラカン先生の人生は、まさに波瀾万丈でした。１９８０（昭和55）年に77歳でお亡くなりになりましたが、映画スターらしく生きた最後の人と言っていいんじゃないでしょうか。ああいう偉大な「役者バカ」は、もう出てきようがありません。

ぼくはアラカン先生の「鞍馬天狗」に救われましたが、ぼくが「杉作！」とやったことで、当時の50代以上の人の頭に入っていたアラカン先生のネガを掘り起こすことができて売れたんです。少しでも恩返しになったとしたら、とても嬉しいですね。

「笑点」のメンバーは、それぞれに個性豊かで魅力的な人物ばかり

ぼくが今こうして「バカ」を看板にできているのも、ひとえに「笑点」のおかげです。

林家木久蔵の顔と名前を日本中に広めてくれて、半世紀以上にもわたって林家木久扇のおバカっぷりを毎週映し続けてくれました。

２０２４年3月で大喜利メンバーは卒業しますが、ぼくの人生を支えて続けてくれた恩を忘れることはありません。

かつては「あんなのは噺家のやることじゃない」「落語のイメージが悪くなる」なんて言う人もいましたけど、あの番組がなかったら、落語という芸自体、はたしてどうなっていたことか。もちろん、高座でしっかりした名人芸を見せて、その魅力を伝えていくことも大事です。でも、入りやすい入り口がなかったら、誰も興味を持ってくれません。「笑点」という入り口を通じて、落語という芸能に興味を持った人は多いでしょう。なか

には「落語家というのは大喜利をする人のことだ」と勘違いしている人もいるかもしれませんけど、それよりも「笑点」をきっかけに「今度、寄席ってところにに行ってみよう」「ほかの噺家さんの落語も聞いてみよう」というプラスの効果のほうがはるかに大きいはずです。

そんな「笑点」をいっしょにやってきた仲間のみなさんにも、たくさんのことを教わってきました。それぞれ尊敬すべき「バカの先生」です。

２０２２（令和４）年１月には桂宮治《みやじ》さん、２０２３（令和５）年２月には春風亭一之《いちの》輔《すけ》さんが新しいメンバーになりました。ひとりずつご紹介しましょう。

司会の春風亭昇太さんは下剋上を果たした「不思議バカ」

まずは、司会の春風亭昇太《しょうた》さん。２０１６（平成28）年5月に、永世名誉司会に就任した桂歌丸さんに代わって六代目の司会者になりました。

だいぶ前から若手大喜利にはよく出ていましたが、大喜利メンバーになったのは２００６（平成18）年5月です。先代三遊亭圓楽さんから歌丸さんに司会が交代するタイミングで、そのときも歌丸さんの席を引き継ぎました。歌丸さんが「『笑点』を若返らせるには昇太さんを入れるのがいいよ」と推薦したんです。

昇太さんは、ひと言で言うと「強運の人」ですね。学生時代にたまたま落研に入って、テレビのお笑い番組のコンテストで優勝したのをきっかけに、大学を中退して春風亭柳昇《りゅうしょう》師匠に入門します。落語はもちろんですけど、俳優もやったりして順調に仕事の幅を広げていきました。

自分に合う師匠やいい仕事に恵まれるというのは、もちろん人を見る目や実力も大事ですけど、運もそれ以上に大事です。めったに交代しない「笑点」の司会者だって、タイミングや巡り合わせといった運を味方にしないとなれません。

そして何と言っても、昇太さんが運の良さを思いっきり発揮したのは「結婚」じゃないでしょうか。さんざん「嫁来ない」というネタをやってて、60歳になる直前に結婚したと思ったら、相手は元タカラジェンヌのトップスターで、しかも超がつく資産家のお嬢さん。そんなお嫁さんと毎朝、犬の散歩でふたりは手をつないで笑ってるらしい。そういう不思議な人なんです。

昇太さんの高座は、明るくて若いですね。新作もたくさん作ってますけど、古典を新作っぽくしゃべるなんてこともやってる。とっても面白いし、「今」がある噺をする人です。人柄は見たまんまですね。あっけらかんとしていて、変な情に流されたりしない。お城とか古い車とか、趣味が多いことでも有名です。なんて言うんでしょう、強運ってことも含めて、あえて言うと「不思議バカ」ですね。

司会者としては、とってもやりやすいです。手を挙げて目が合うと、「はい、木久扇さん」ってパッと指される。歌丸さんは「木久ちゃん3回」「好楽さん2回」とかって、きちっと計算しながら指してました。でも昇太さんは、自然な流れでどんどん指しちゃうんです。自分が司会しながら選んでいくんじゃなくて、いっぱい答えさせてあとは編集に任せるんですね。答えるこっちは伸び伸びとやれます。

2019（令和元）年に落語芸術協会の会長に就任しました。まだ60代半ばですから、これからが落語家としての旬です。持ち前の強運を発揮して、落語の世界をどんどん盛り上げてほしいですよね。

三遊亭小遊三さんは落語も生き方もうまい「手練れのバカ」

続いては大喜利メンバーの向かって左から、水色の着物の三遊亭小遊三《こゆうざ》さん。あの人は、巧みにバカになれる「手練《てだ》れのバカ」ですね。何といっても落語がうまい。若い頃から勉強熱心で、持ちネタもたくさんある。人情噺じゃなくて長屋ものとかの軽い噺が得意なんですけど、出てくる人物が生き生きしてます。

明治大学に通っている途中から落語の世界に入って、1983(昭和58)年春に真打になりました。「笑点」の大喜利メンバーになったのは、その年の10月です。その前から、テレビのバラエティ番組にちょくちょく出て、野球の形態模写とかでウケてましたね。

真打になってから40年を超えて、若手からの人望もあります。芸歴から言っても人柄から言っても、落語芸術協会の会長にふさわしいのは小遊三さんなんですよね。20年ぐらい前から副会長をやってて、桂歌丸さんが亡くなったときに会長代行兼副会長になったんですが、「笑点」の司会者になった春風亭昇太さんにすーっと会長を譲っちゃった。

会長になると体力もいるしお金もかかるし、神経を使うこともたくさんある。冠婚葬祭にも、落語芸術協会の代表としてたくさん出なきゃいけない。そういうのが嫌だったんでしょうね。面倒なことをうまくひょいひょいとよけながら、自分が楽しく歩いていける道を進んでいける利口な人です。

大喜利では、スケベなおじさんだったり泥棒のキャラクターだったり、銀杏拾いで小遣い稼ぎをしていたり、わかりやすいギャグで見ている人を安心させてる。自分のことを「福山雅治《ふくやままさはる》」や「アラン・ドロン」にたとえるのも、二枚目とは程遠いあの顔だからいいんですよね。「アラン・ドロン」なんて今の人は知らないでしょうけど、ハンサムの例えの古色蒼然《こしょくそうぜん》っぷりがまたおかしい。そのへんが手練れだなと思います。林家たい平さんとの「大月vs秩父」ネタも、すっかり番組の名物になりました。

前の東京オリンピックのときに山梨県の高校生として聖火ランナーとして走って、2021（令和3）年の東京オリンピックでも2度目の聖火ランナーを務めました。2回も走るなんてすごいことですよ。もしかしたら昇太さんと同じように、ものすごい強運の持ち主なのかもしれませんね。

新しい風を吹かせてくれている春風亭一之輔さんは「毒吐きバカ」

小遊三さんの右側に座っているのが、大喜利のレギュラーメンバーの中ではいちばん新顔の春風亭一之輔さん。実力といい人気といい、未来の落語界を引っ張っていく人であるのは間違いありません。高座にもたくさん上がっていて、「もっともチケットが取れない落語家」とも言われています。そういう人がメンバーになってくれたのは、「笑点」にとってすごくありがたいですね。

メンバー入りしてから1年がたって、大喜利の中での役割やキャラみたいなものもきっちりつかんできました。一之輔さんをひと言で言い表すとすると、「類《たぐい》まれなる毒舌の使い手」ですね。ぼくがいい答えを言って「やったー」なんてはしゃいでると、ポロッと「ジジイのくせに」なんて言ったりする。何気なく吐く毒が、間といい毒の加減といい絶妙なんです。

最近は、隣の林家たい平さんと組んで司会の昇太さんに反抗的な態度を取ったり、ちょっと年上の宮治さんをいじったり、持ち前の毒を面白く生かす方法を増やしてきました。「笑点」に新しい風を吹かせてくれていますね。

一之輔さんは大学を卒業してすぐに、春風亭一朝《いっちょう》さんに入門しました。どういう経緯で弟子入りしたかは知りませんけど、師匠を見る目があります。一朝さんという方は、派手なタイプではないものの、落語の実力は誰もが認めるところで噺のレパートリーも幅広い。そんな師匠にみっちり仕込まれて、めきめき頭角を現しました。

高座でも、毒がいい味になっているんですよね。例えば「初天神《はってんじん》」っていう長屋の親子が天神様にお参りに行く話があります。そこに出てくる金坊《きんぼう》っていう悪ガキが、これ買ってくれあれ買ってくれとおねだりして、連れていったおとっつぁんはうるさくてしょうがない。一之輔さんがやると、悪ガキの口調がまあ憎たらしいんです。

ウンザリしつつも我が子をかわいいと思っているおとっつぁんも、またいいんですよね。ひとつ間違えると殺伐《さつばつ》とした感じになっちゃうんですが、一之輔さんは適度に毒を入れてうるさい子どもや面倒臭がっている父親を描きながら、あたたかい目線も感じさせてくれる。だから、お客さんは大笑いしながら微笑ましい気持ちになれます。

インテリでいろんなことをよく知ってるし、少々のことには動じない落ち着きもある。彼ならではのおかしさがもっともっと前面に出てくれば、やがては司会者になるかもしれない。そのぐらいの器量を持った人です。

林家たい平さんは秩父を盛り上げている「お祭りバカ」

一之輔さんとぼくにはさまれているのが、オレンジ色の着物の林家たい平さん。モノマネや花火、昇太さんの夫婦生活をネタにした「何かあったのか劇場」などで、元気に暴れて全体を盛り上げてくれています。たまに「そのネタでそんなに時間をかけるのはやりすぎじゃないのかな」って思うときもありますけど。

2004（平成16）年暮れに、病気で休んでいた師匠の林家こん平さんの代役として大喜利に出始めました。もともと若手大喜利のメンバーで、その頃から目立ってましたね。2006（平成18）年5月に、司会が先代圓楽さんから歌丸さんに交代して、春風亭昇太さんが大喜利メンバーになったタイミングで、正式メンバーになりました。

こん平さんに弟子入りして落語家になったんですけど、最初は海老名家に住み込みで、今の三平さんの宿題を代わりにやってあげたなんてこともあったらしいですね。落語家には珍しいというか初めてかもしれませんけど、美術大学の出身なんです。絵も描けるから、ぼくの絵の仕事のアシスタントをしてもらっていたこともありました。

全国いろんなところに行って、おいしいものをたくさん食べてるはずなのに、たい平さんにとってのいちばんのごちそうは、屋台で食べる「焼とん」なんです。安くて手っ取り早いものが好きなんだって言ってました。「焼とん」は埼玉県の西のほうの名物だし、屋台といえばお祭りです。とことん地元とお祭りが好きなんでしょうね。

彼が一生懸命に宣伝している秩父夜祭は、毎年12月の初めに行われます。でも、春ぐらいになるとその話をちょくちょく出してくる。お祭りの当日は、でっかい山車《だし》に乗って、ひと晩じゅう手を振り続けてるらしい。すごく体力がいりますよね。お祭りに対する情熱が半端じゃありません。まさに「お祭りバカ」です。

2022（令和4）年に亡くなった六代目の円楽さんからは、よく「師匠のこん平さんに毒を盛って笑点メンバーになった」なんて言われてましたけど、たい平さんが師匠思いだったってことは、みんなよく知ってる。固い絆で結ばれているのはわかっているからこそ、そんなきついシャレが言えるんですよね。

座布団運びの山田隆夫《やまだたかお》君に「今週でクビらしい」なんて言って突き飛ばされたりしてますけど、あれはこん平さんがやっていたことを踏襲《とうしゅう》してるんです。こん平さんも同じようなことを言って、山田君に突き飛ばされてました。たまに勢いがつきすぎて、突き飛ばした山田君がヒヤッとすることもあるそうです。たい平さんは高校時代にバレーボールをやっていたので、回転レシーブの要領で転がっているらしいんですよね。

林家こん平さんは寂しがり屋で酒好きな「ふるまいバカ」

たい平さんの話が出たところで、彼の師匠で大喜利のいちばん右にオレンジ色の着物で長く座っていた、林家こん平さんにもふれましょう。残念ながら2020（令和2）年12月にお亡くなりになってしまいました。

新潟県のチャーザー村（今の長岡市小国町千谷沢）から、米を一俵かついで出てきて、初代林家三平さんの弟子になりました。その頃はやせていて、顔つきがキツネみたいだったので、おかみさんの海老名香葉子《かよこ》さんの案で「こん平」になったそうです。

あの人も歌丸さんや先代圓楽さんと同じく、番組がスタートしたときからの大喜利メンバーです。2004（平成16）年の夏に病気でお休みして、しばらく空席だったんですけど、その年の暮れから弟子のたい平さんが「代役」で出演することになりました。

番組ではガサツで無神経なキャラクターでしたけど、本当のこん平さんはとっても繊細な人です。師匠の初代林家三平さんが早くに亡くなって、惣領弟子として一門を背負う立場になった。重圧だっただろうし、ちょうど落語界の分裂騒動があった頃で心労も重なったと思います。その前からお酒は好きでしたが、どんどん量が増えていきました。

こん平さんが大喜利メンバーになったのは、23歳のときです。若くして売れっ子になって、お金もたくさん入ってきた。いつも自分がどうしていいかわからなくて、食べまくって飲みまくって、しかも寂しがり屋だから、仲間も全部巻き込んでたんですよね。

上野の鈴本演芸場でよくトリを取ってて、ハネたあとでみんなを焼肉屋さんに連れていくんです。飲み始めると前座さんに言って、来た人の履物を全部隠しちゃう。先に抜けて帰ろうとした人が出口に行くと「あれ、履物は？」となる。こん平さんは「知らないよ、どうしたんだろうね」なんて言ってるんです。漫才のあした順子・ひろしさんなんて、大事な用があって帰りたいのに帰れなくて泣いてました。

飲み始めると1軒では済まなくて次々にハシゴするんですけど、だんだん人数が減っていって、最後は明け方になる。そうすると自分の家の近所まで行って、みんなを待たせて着替えてきて、で、マクドナルドにモーニングを食べにいくんです。もうみんなヘトヘト。

そんなことをしてたら、とうとう身体を壊しちゃった。

飲むのが好きというより、自分をいじめてるみたいなところもありましたね。ひたすら飲んでひたすら食べてた。いつも食べ切れないぐらい大量に注文しちゃうんです。みんなの履物を隠しちゃうなんて、ヘンな飲み方ですよね。お代はいつもこん平さん持ちでした。あえて言えば「寂しがりふるまいバカ」でしょうか。

もう一度、あの元気がいい「チャラーン！」を聞きたいですね。

兄弟弟子の三遊亭好楽さんは熱い信念を持った「寄席バカ」

ぼくの向かって右側は、ピンクの着物の三遊亭好楽さん。あの人とぼくは、八代目の正蔵師匠の兄弟弟子なんです。入門は１９６６（昭和41）年だから、ぼくの5年あとですね。そのときは林家九蔵《くぞう》という名前だったんですが、師匠が亡くなった1年後に先代の三遊亭圓楽さんの門下に移籍して、圓楽さんから三遊亭好楽の名前をもらいました。

当時の圓楽さん一門は、落語協会の分裂騒動のあおりで東京の寄席には出られない状態でした。でも、圓楽さんを慕っていた好楽さんは「落語の勉強はどこでもできるから」と言って、苦労するのは承知で圓楽さんのところに行ったんです。

ああ見えて落語に対して真剣で、気骨のある人なんです。「笑点」の大喜利も、今は2回目のレギュラーメンバーです。二ツ目から真打に昇進した1981（昭和56）年の前後に4年ぐらい出ていました。圓楽さんのところに移った少しあとに、「古典落語の修業に専念したい」と言って自分から降板して、5年後ぐらいにまた復帰したんです。いったん降板したときに入れ替わりで入ったのが、小遊三さんでした。

大喜利の司会をしていた先代の圓楽さんは、「若竹という寄席を作ったけど、つぶれて莫大な借金を抱えた」というのをネタにされていました。圓楽門下の人たちは師匠の苦労を見て懲《こ》りてるのかと思ったら、好楽さんも上野の池之端の自宅の1階に「池之端しのぶ亭」っていう寄席を作っちゃった。2013（平成25）年のお正月のことです。

後輩たちが勉強する場を作ってあげたいっていう気持ちは、とっても偉いと思います。でも、見事に「若竹」と同じ轍《てつ》を踏んでるんですよね。微妙に駅から遠い立地で、出演者の顔ぶれも変わり映えしない。寂しい住宅地に寄席を作っても、お客さんが来るはずはないんですよ。そこでファンと酒盛りしたり、広い客席に布団を敷いて寝たりしてる。

大喜利ではいつも「仕事がない」「お金がない」っていうのをネタにしています。「仕事がない」はウソですけど、「お金がない」はまんざらウソではない。そこそこ仕事はしてるのに、寄席につぎ込んじゃってるんです。

言ってみれば、自分の寄席を持つという道楽ですよね。夢をかなえたわけだし、一門のために大事な場所を作ることができた。好楽さんとしてはこれっぽっちも後悔してないんじゃないでしょうか。彼は慎重そうに見えますけど、ぼくと同じようにいつも触角を動かしてパッと行動するタイプなんです。そんな「寄席バカ」なところが、すごく面白いし、すごく素敵です。「あー、やっちゃったんだな」という思いもありましたけど。

隣の宮治さんから、何かというと「やる気がない」「面白くない」といじられています。でも、そこが「好楽さんらしさ」ということで定着してきました。本人もいい具合にジジイの開き直りみたいなのが出てきて、すごく生き生きしてます。長く大喜利のメンバーをやってますけど、今がもっとも輝いているんじゃないでしょうか。

ぼくが卒業したら、好楽さんが最年長になります。この調子で「年の功」の面白さをますます発揮していってほしいですね。

桂宮治さんは人当たりはいいけどしたたかな「期待の大型バカ」

向かっていちばん右に座っているのが桂宮治さん。たい平さんと同じく、BS日テレの「笑点特大号」でやってる若手大喜利の出身です。ぼくも何回か司会を担当したことがありますが、若手メンバーの中でいちばん光ってましたね。大喜利メンバーになって2年がたち、持ち前のふてぶてしさが、いい感じに出てきました。

「チームマカロン」とか言って、隣の好楽さんも上手に活用しています。好楽さんをいじることで、自分も笑いを取れる。まさにチームワークの勝利ですよね。ぼくが割り込んじゃうと好楽さんが引き立たないから、たまに口をはさむぐらいにしています。

彼を見ると、デパートの実演販売を思い出すんです。包丁を研ぐ道具とかを実演しながら売ってますよね。あの方たちといっしょで、宮治さんは場の空気を瞬時につかんで、そこにいる人の気持ちを自分に集める力があります。会話の隙間に入ってくるのもうまいし、言葉に力があるから話につい引きずり込まれてしまう。

あれは天性のものですね。落語家にとっては大きな武器です。大喜利でもハキハキしていて画面が明るくなるし、回答も司会の昇太さんに対する返しも面白い。楽屋なんかでは昇太さんにすごく丁寧に接してるんですけど、大喜利では「チビ」とか「メガネ」なんて言ってる。反抗的なんだけど、そこに愛嬌があるのがいいですね。

経歴もユニークです。化粧品のトップセールスマンで年収1000万円を稼いでいたのに、「一回きりの人生なんだからやりたいことをしよう」と仕事をスッパリ辞めて、32歳で落語の世界に飛び込んじゃった。しかも自分の結婚式で、会社の退職と落語家への転身を発表したそうです。

この話を聞いたときには、ぼくも自分の結婚式を思い出しました。ぼくも自分の結婚式と同じ時間に別の結婚式の司会の仕事を入れちゃって、あっちに行ったりこっちに行ったり、新郎の席に身代わりを座らせてたことがバレたりで、大騒ぎになっちゃった。あのときの言うに言えない気持ちを彼も感じたんだなと思うと、これは油断ならないぞと思いましたね。

落語家としては遅いスタートでしたが、二ツ目になってすぐに「NHK新人演芸大賞」で落語部門の大賞を受賞してます。真打になったときも、5人抜きの抜擢真打ということで話題になりました。実力と運を兼ね備えていて、もちろん努力も重ねている人です。

これまでぼくは、落語の世界の呼び込み役をやってきました。落語をぜんぜん聴いたことがない人にも「おいでよー、面白いよー」と呼びかけて、興味を持ってもらう。落語という芸が長く続いていくためには、そういう人が必要です。ただ、誰にでもできるわけじゃないし、教えるようなことでもありません。

宮治さんは、それがやれるんじゃないかと期待しています。ぼくと同じような神経を持っているように感じるんですよね。表面的には丁寧なんだけど本心は違うというか、ふてぶてしさがあるというか計算ができるというか。もちろん、ホメてるんですよ。今の調子で、どんどんのし上がっていってください。

座布団と幸せを運んでいる山田隆夫君は「いじられバカ」

座布団運びの山田隆夫君。1984（昭和59）年に六代目の座布団運びに就任して、今年でもう40年目になりました。今の笑点メンバーでは、司会の昇太さん、たい平さん、三平さんよりもずっと古株です。

コロナ禍でリモート大喜利をやっていた頃、何週間か山田君がパネルだけの出演になりました。そしたら、普段からたい平さんや円楽さんが「山田はいらない」とかネタにしてるもんだから、テレビを見ている人が心配して「山田君をやめさせないでください」「出してあげてください」っていう声がいっぱい届いたそうです。

あの人はもともと番組内の「ちびっ子大喜利」のレギュラーでした。その頃はまだ中学生かな。山田君が座布団を10枚獲得したごほうびでレコードデビューできることになって、メンバー4人で「ずうとるび」を結成したら、それが売れちゃったんですよね。紅白歌合戦にも出場しましたから、たいしたもんです。

そのあと山田君は「ずうとるび」を脱退したんだけど、一気に仕事が減っちゃった。前の奥さんとの離婚も重なって、慰謝料や養育費で一時期はたいへんだったみたいです。ただ、彼はああ見えてしっかりしていて、当時からすでにマンションを持っていて家賃収入でしのいでいたらしいですけど。

座布団運びをしないかって声がかかったのは、そんな頃です。前の座布団運びの松崎真《まつざきまこと》さんが体力の限界で引退することになって、次をどうしようってなったときに、プロデューサーと当時の司会の先代圓楽さんが「重い座布団をちっちゃいのが運んだら面白いんじゃないか」と考えて、山田君のことを思い出したんです。

「笑点」の座布団は特注で、使い込んで湿気を吸うと1枚3キロぐらいになる。司会が「山田君、全部持ってって」なんて言うと、重さが半端じゃないんです。最初の頃は持ち方のコツがつかめてなくて、何度もぎっくり腰になったらしいです。これじゃダメだと思った山田君は、ウエイトリフティングを始めました。もともとスポーツマンで10代の頃にプロボクシングのライセンスも取ってるんですけど、どんどんたくましい身体になっていきましたね。

山田君はただ座布団を運ぶだけじゃなくて、こん平さんやたい平さんを突き飛ばしたり勝手に座布団を引っぺがしたりして、ちゃんと笑いを取ってる。先代圓楽さんが「どんどん前に出てきて絡んでいいよ」って言ったらしいです。冒頭の挨拶も、話芸のプロが続けてやったあとで締めくくるんですから、相当のプレッシャーだと思いますよ。

最初は言葉に詰まることもあって、これじゃいけないと思ったんでしょうね、五代目鈴々舎馬風《れいれいしゃばふう》師匠に弟子入りしました。鈴々舎鈴丸《すずまる》って名前をもらってるので、じつは落語家でもあるんです。ただ、がんばってはいても、会場をシーンとさせることも多い。めげずにやっているうちに、それが持ち味になってきました。たい平さんが大滝秀治《おおたきひでじ》さんの口調で「山田の挨拶はつまらん！」とやってるのも、愛を込めたエールなんです。

意外と努力家なところを暴露しちゃいましたけど、バカの種類で言うと「いじられバカ」でしょうか。いじりやすいとか、いじられるのが似合うというのは、ぼくもなかなかだと思っていますが、山田君もたいしたもんです。これからもいじられながら、彼のキャッチフレーズじゃないけど、座布団と幸せを運び続けてほしいですね。

三遊亭円楽さんは腹黒キャラだけど「世話焼きバカ」だった

2022（令和4）年9月30日に72歳の若さで旅立ってしまった六代目三遊亭円楽さん。彼が楽太郎《らくたろう》だった頃から、40年以上にわたって座布団を並べてきました。桂歌丸さんが回答者から司会者になってからは、大喜利のエースだったと言っていいんじゃないでしょうか。

円楽さんといえば、「腹が黒い」「友だちがいない」「難しいことを言い出すインテリ」というイメージですよね。たしかに、とても頭が切れる人です。行動力も人一倍ある。「友だちがいない」というのは、あくまでネタですけどね。

自分でもさんざん言っていますけど、青山学院大学の出身です。落語研究会に入っていて、学生時代に先代の五代目圓楽さんに志願してカバン持ちになりました。ちょうど学生運動が盛んだった時代で、ヘルメットかぶって角材を持ってデモに行ったりしてた時期もあったそうです。

「笑点」の大喜利メンバーになったのは、1977（昭和52）年で、彼はまだ二ツ目に昇進したばかりで27歳でした。先代の圓楽さんが大喜利メンバーをいったん「卒業」したとき、自分の代わりに入れたんです。当時は歌丸さんと小圓遊さんとぼくが40歳ぐらいで、先代の圓楽さんはもう少し上でしたから、ひときわ若々しかったですね。

あの人がすごかったのは、お金を使っているところです。「笑点」の収録は、だいたい11時ぐらいに集まって、2本分を撮って2時半か3時に終わる。お昼時をはさんでますけど、円楽さんは毎回、楽屋にたくさんのパンを買ってきてくれるんです。もちろん自腹で。みんなも当たり前みたいにそれを食べてて、すっかりあてにしてます。しかも土用の丑《うし》の日には、出演者からスタッフまで全員に、うな重の上を配ってくれる。なかなかできることじゃありません。

これまで番組ではパンのことは言わなかったのに、あるときから「誰も感謝しない」なんてネタにするようになりました。業を煮やしたとか恩を着せようとしてるとかじゃなくて、たぶんパン屋さんの名前を広めてあげようとしたんだと思います。

円楽さんが2007(平成19)年からプロデュースして始めた「博多・天神落語まつり」も、画期的というか、すごいイベントですよ。落語協会、落語芸術協会、立川流、円楽一門会の四派合同で、上方落語協会の人たちも呼んで、落語のお祭りをやるんです。落語をもっと盛り上げなきゃいけない、盛り上がった状態で次の世代に引き継がなきゃいけないという気持ちだったんでしょうね。そこは師匠の先代圓楽さん譲りなのかな。

落語まつりに、例えば桂文枝さんや笑福亭鶴瓶さんに来てもらうとしますよね。円楽さんは、切符の手配からホテル割り振りまで、全部自分でやっちゃう。そんなの誰かに任せればいいことなんですけど、誰と誰は同じホテルにしたほうがいいとか別のほうがいいとか、トランプを並べるみたいな感じで面白がってやってるんです。

いろんなところで、自分が世話を焼かないと気が済まない。なかなかできることじゃありません。腹は黒いかもしれないけど、立派な志も人望もある偉大な「世話焼きバカ」でした。落語界にとって大事な人だったし、何よりまだまだ若かった。本人も無念だったでしょうけど、病気というのは残酷なものですね。

かつての「笑点」の司会者も、キラリと光る素敵なバカだった

「ぼくは司会者を5人送ってる。そのたびに香典代が3万円ずつですよ……」というのは、「笑点」や寄席でよく言っているネタのひとつです。いや、ホントのことなんですけどね。最初から順に、七代目立川談志さん、前田武彦さん、三波伸介さん、五代目三遊亭圓楽さん、桂歌丸さん。みなさん、お亡くなりになりました。

今のメンバーに続いて、過去の司会者をご紹介しましょう。さすがというか、キラリと光る素敵なバカぞろいです。たくさんのことを学びました。みなさんの記憶にはっきり残っている順ってことで、新しい方から順にさかのぼっていきます。

桂歌丸さんは落語と横浜とチャンバラを深く愛していた

まずは前の司会の桂歌丸さん。番組が始まったときからの大喜利メンバーで、途中、立

川談志さんと意見が対立して半年ぐらい抜けてましたけど、そのあとまた戻って、２００６（平成18）年までは回答者でした。そのあと司会を10年おやりになって、番組50年のタイミングで勇退なさいました。２０１８（平成30）年にお亡くなりになりましたが、その後も「永世名誉司会」の肩書を背負ってらっしゃいます。

あの方は「横浜バカ」でしたね。玉置宏《たまおきひろし》さんから引き継いで「横浜にぎわい座」の館長をやったりとか、生まれ育った横浜をとても大事にしていました。にぎわい座でぼくと木久蔵の親子会をやったときは、とても喜んでくれましたね。会話に「横浜」って単語を入れるだけで、ニコッと笑うんです。「横浜のシウマイ弁当おいしいですよね」なんて言ったら、「そうそうそうそう！」ってすごく嬉しそうな顔をして。

あまり表には出していませんでしたけど、ぼくと同じ「チャンバラバカ」でもあったんです。映画が全般的にお好きだったんですけど、とくにチャンバラが大好きでした。このあいだ歌丸さんのご長女が、ぼくのところにチャンバラ映画のＶＨＳのビデオを段ボールに３箱くださったんです。なかには封を切ってないのもありました。いつか見ようと思って買ってたんですね。

落語に対する情熱は言わずもがなで、古典落語を一生懸命に勉強して、自分だけの「歌丸節」を確立したのはすごいことです。ただ、若い時分から病気をたくさん抱えていて、お酒は飲まなかったんですけど、薬をたくさん飲んでました。病院もしょっちゅう行ってるから、あそこの病院はどうだこっちはどうだって、やたら詳しかったですね。

収録後のお蕎麦屋さんの打ち上げがあった頃も、そこには参加しませんでした。付き合いが悪いわけではなく、身体をかばっていたんだと思います。

先代の三遊亭圓楽さんは幕末の志士みたいに熱い人だった

歌丸さんの前に司会だったのが、先代の五代目三遊亭圓楽さん。番組が始まった最初からの大喜利メンバーで、一時期ちょっと抜けてまた戻ったんですけど、1977（昭和52）年に「落語に専念したい」と言って、番組を一回「卒業」しました。師匠である六代目三遊亭圓生《えんしょう》師匠に「お前はこんな安っぽい芸人で終わるのか」とたしなめられたらしいです。圓生師匠は、厳しくて頑固な人だったんですよね。

5年後の1982（昭和57）年の暮れに三波伸介さんが急死して、翌年から司会として復帰しました。それから23年にわたって司会を務めて、今のところの最長記録です。本人は「最初は2回だけのピンチヒッターって約束だったんだ」って言ってましたけどね。圓楽さんに戻ってきてもらうのは、ぼくたち大喜利メンバーの願いでもありました。

圓楽さんは「落語界をどうにかしないといけない」と、いつも考え続けていました。幕末の志士みたいに熱い想いを持った人でしたね。「笑点」を降りたちょっとあとに、圓生師匠とともに落語協会を飛び出したんですけど、それから1年ちょっとで圓生師匠が亡くなりました。今さら協会に戻れないから自分の一派を作って、弟子たちに修業させる場が必要だからってんで、大きな借金を背負って「若竹」という寄席も建てたんです。

長く司会を続けたのも立派ですけど、「笑点」におけるあの方の最大の功績は、六代目圓楽である円楽（当時の楽太郎）さんと好楽さんをメンバーに入れたことですね。ベテランや中堅が並ぶ中に、歳も若くて実績もなかった楽太郎さんを入れたのは、けっこう大胆な人事です。好楽さんは最初に林家九蔵として入ったときは自分の弟子じゃなかったですけど、そのときに「九蔵さんがいいよ」って言ったのも先代の圓楽さんです。

円楽さんはお亡くなりになりましたが、好楽さんはますます絶好調です。ふたりが長くメンバーを続けてきたってことは、圓楽さんの見る目が確かだったってことですよね。大きな遺産を番組に残してくれました。それにしても、いくら番組の最初から関わっているとはいえ、出演者が人事をいじれたというのがすごいですよね。

三波伸介さんは演劇や映画にビックリするほど詳しかった

先代圓楽さんの前に司会を務めていたのが、「てんぷくトリオ」の三波伸介さんです。1970（昭和45）年の暮れから亡くなった1982（昭和57）年の暮れまでだから、12年ですね。50代以上の方にとっての「笑点」は、三波さんが司会のときのイメージが強いんじゃないでしょうか。

三波さんが司会になったきっかけは、北海道で収録があったときに、大雪が降って当時の司会の前田武彦さんが乗るはずだった飛行機が飛ばなかったことなんです。しょうがないから、ゲストで呼ばれていた「てんぷくトリオ」の三波さんが、臨時で司会をやりました。そのときの司会っぷりが好評で、スケジュールの都合で降板することになっていたマエタケさんに代わって、三波さんがやることになったんです。

あの方は、ぼくたち大喜利メンバーの個性を引き出しつつ、全体を楽しく盛り上げる手《た》綱《づな》さばきが見事でした。大衆演劇の出身でコメディアンですから、いろんな笑いの寸法が頭に入ってるんですね。歌丸さんと小圓遊さんの罵り合いやぼくの「いやんばか～ん」が番組の名物になったのも、三波伸介さんが上手にリードしてくださったおかげです。

落語の世界の人ではないので、もともと付き合いがあったわけじゃありません。お酒も飲まなかったし、超売れっ子でとにかく忙しかった。自分が司会の冠番組が5本ぐらいあったんじゃないかな。収録が終わるとすぐに次の仕事に行っちゃいましたから、交流らしきものといえば、本番前にちょっと雑談するぐらいでした。

若い頃に浅香光代《あさかみつよ》さんの一座にいたこともあって、演劇にはめっぽう詳しかったですね。番組の特番で歌舞伎の『勧進帳《かんじんちょう》』をやったときに、ひとりずつ細かい動きを振りつけてくれたのはビックリしました。セリフから見得《みえ》の切り方から、全部頭に入っているんです。三波さんのお得意のフレーズじゃないけど、「ビックリしたなあ、もう」でしたね。

映画のこともよくご存じで、モノマネも得意でした。ぼくが大喜利で昔の映画スターのものまねをやると、掛け合いでモノマネをかぶせてくれるんです。「丹下左膳《たんげさぜん》」の大河内傳次郎さんの口調で「シェイはタンゲ、ナはシャゼン」なんて言ったりして。

「笑点」が人気番組としてお茶の間に定着したのは、三波さんのおかげです。もっとたくさん、古い映画の話とかしたかったですね。

前田武彦さんは「笑点」のテーマソングの〝作詞者〟

三波さんの前が、放送作家から売れっ子タレントになった前田武彦さん。初代の司会だった七代目立川談志さんのあとを受けて、1969（昭和44）年の秋に2代目司会者になりました。談志さんの推薦だったそうです。「巨泉×前武ゲバゲバ90分！」や「夜のヒットスタジオ」も、同じ時期に出てらっしゃいましたね。

司会がマエタケさんになったのと同時に、ぼくも大喜利のレギュラーになりました。最初は自分のことで精いっぱいで、右も左もわからず、ほかの人のことを観察する余裕なんてありません。ちょっと慣れてくると、司会とメンバーとのあいだが、微妙にギクシャクしている気配を感じるようになりました。

マエタケさんは器用で頭の回転も速い方でしたが、発想やリズムがバラエティ番組っぽいというか、落語の世界のそれとはどうしても違いがある。ポンポンとボールを投げ合う感じにならなくて、メンバーとしては不満がたまるし、マエタケさんもやりづらかったでしょうね。ただ、ぼくの「杉作、ニホンの夜明けは近い！」を拾って伸ばしてくれたのは、マエタケさんでした。

もともと短期間の約束でしたが、視聴率は悪くなかったので、局としては長く続けてほしかったようです。結局「スケジュールの都合」で、1年ぐらいで自分から降板なさいました。もしかしたら、忙しかったことだけが理由ではないかもしれません。

マエタケさん時代に生まれたのが、大喜利メンバーのカラフルな着物と今も流れているオープニングテーマです。オープニングテーマは中村八大《なかむらはちだい》さんの作曲で、今はメロディしか流れていませんが、最初は歌詞もありました。「ゲラゲラ笑って見るテレビ」で始まるんですけど、それを作詞したのはマエタケさんで、ご自分で歌ってました。あれは、また何かの機会に番組で流したら面白いかもしれませんね。

立川談志さんは落語小僧がそのまま大人になったような人

いよいよ、初代司会者で番組の生みの親でもある七代目立川談志さん。1966（昭和41）年5月に番組がスタートして、選挙に出るからと番組を降りた1969（昭和44）年11月まで司会を務めました。その頃、落語は何となく敷居が高い芸になりかけていて、談志さんはそういう状況をどうにかしたいという思いがあったんです。ご自分でも「笑点」のことを「俺の最高傑作」とおっしゃってましたね。

途中、談志さんが目指すブラックユーモア路線に大喜利メンバーが反発して、歌丸さんや圓楽さんたち初期メンバーが一斉に番組を降りるという騒動もありました。メンバーがガラッと入れ替わったんですが、その頃の視聴率はいまひとつだったようです。ぼくは談志さんが司会だった頃は、若手大喜利に出してもらってました。

談志さんをひと言で言うと「一日中起きてた人」かな。天才でもあったけど、努力家でもあった。寝るときも天井に謎かけをいっぱい貼って、それで練習する。頭の中はいつも落語のことでいっぱい。中学生の頃から詰襟《つめえり》で寄席に来て、一度聞いた噺は覚えちゃって帰りには口ずさんでいた。そんな落語小僧がそのまま大人になったみたいな人です。

談志さんが番組を抜けて、また大喜利メンバーが入れ替わることになって、ぼくも新メンバーのひとりになりました。じつは、ちょこっと裏事情があるんです。現代センターという談志さんが作った事務所があって、談志さんも歌丸さんも小圓遊さんもぼくも、そこに所属してました。ぼくが入れたのは、今で言う「バーター」です。

現代センターは、落語家やタレントだけじゃなくて放送作家もたくさん抱えていて、番組の制作もやってました。「笑点」もそこで作っていたから、談志さんは司会を降りたあとも、番組とは密接なつながりがあったんです。

当時から談志さんは「これからは素人が出てきてね、ひな壇で面白いことを言ったりするようになるから、その前に落語家ががんばらなきゃいけないよ」と言ってました。今、そのとおりになってます。誰だか知らない人がひな壇に並んで、なんか面白そうにしゃべってるけど、こっちは見ていて何も面白くない。

先見の明がある人でしたね。先が見えすぎて、まわりに理解されなかったり、自分を苦しめたりするところもありました。味方も敵も多い人でしたが、「笑点」の関係者はもちろん、すべての落語家や落語関係者は、あの人に足を向けては寝られないと思いますよ。

第5章 いいバカ、困ったバカ

人間はもともとバカな生き物です。「いいバカ」を目指しましょう

「バカ」という言葉は、一般的には悪い意味だと思われています。でも、そんな単純な話ではありません。ひと口に「バカ」と言っても、いいバカと悪いバカがあります。悪いバカというのは、ちょっと違うかな。困ったバカぐらいですね。

人間はもともとバカな生き物です。誰もがバカな部分を抱えているし、だからこそ面白くて愛おしい。無理して「バカじゃないフリ」をすればするほど、余計にバカが際立つという怖い落とし穴もあります。

どんなに振り払おうとしても、自分の中のバカと縁を切ることはできません。こうなったら覚悟を決めて、なるべく「いいバカ」を目指しましょう。例えば、人の話を聞く場面ひとつとっても、「いいバカ」と「困ったバカ」にはっきり分かれます。

人の話を聞くときに、落語についてでも何でもいいんですけど、本当はけっこう詳しいのに、ぜんぜん知らないフリができる。そういう人は「利口なバカ」です。知らないフリ

をすることで、相手の話を頭から詳しく聞くことができて、もっと理解が深まるでしょう。

逆に、こっちが話し始めると、すぐに「それ、聞いたことがあります」「それ、こうですよね」と説明しようとする人がいる。そうなると、話す気が一気になくなります。全部知ってるけど一歩引いて「そうなんですか」「知りませんでした」と返せば、相手の説明を聞いているうちに、深い意味に気づいたり新しい知識を得たりできるかもしれない。

結局は知ってる話ばっかりだったとしても、ぜんぜんいいんです。相手は気持ちよく話せて、こっちに好感を持ってくれます。ムキになって対抗しようとせずに、スッと自分を引っ込めることができるのが、たくさんのことを吸収する力がある得なバカですね。


ちょっと似てますけど、会うとのっけから自分のことをあれこれ説明し始める人がいます。ぼくはこんなに忙しいんだとか、こんなにすごいことをやってるんだとか。あれは、何なんでしょうね。優位に立ちたいのかもしれないけど、こっちは一気に白けて、楽しく話をしようという気持ちがなくなります。

対談なんかでも、自分が物知りなのを示したいのか、その日のテーマとはぜんぜん関係ない時事問題を語り始めたりする人がいる。それをやられちゃうと、こっちは何を話していいのかわからなくなって、テンポよく言葉を返せなくなります。相手だって、思ったことを存分に言えないまま帰っちゃう。そういう残念なシーンを作り出してしまうんですよね。

自分をちょっと下に置いて、最初に「今日はいろいろ教わりに来ました」と言える人は、間違いなく「いいバカ」です。対談をする目的は、お互いが気持ちよく話せて、面白い話がどんどん出て、お互いにとって勉強になることなんですから。

空港の売店で30分以上かけて孫のお土産を選んだ

「いいバカ」になるには、場面場面でいかに面白がって生きるかが大事です。その場面を自分のものにするというか、自分なりの面白がり方を見つけるというか。

落語会で地方に行ったときに、空港のお土産売り場で孫に何か買ってやろうと思ったんです。見たら、その地域限定のお菓子がいっぱい並んでる。たくさんあってどれにすればいいか迷っちゃう。店があまり混んでなかったら、店員さんに「何歳ぐらいの女の子と男の子なんですけど、どれがいいでしょうね」なんて聞いてみるのも楽しそうです。

そのときは、お菓子の箱をひとつずつひっくり返して、製造している会社の住所をチェックしました。せっかくなので地元のメーカーでいくつか候補を絞って、今度は孫がパッケージを見た瞬間に喜びそうなのを選んでいく。たかだか500円か600円ぐらいのお菓子ひとつ買うのに、30分以上かかりました。

そんなに時間や手間をかけるのは、バカといえばバカな行為かもしれない。でも、たいへんだと思えば苦労になりますが、面白いと思ってやり出せば、手間をかければかけるほどワクワクできる。選んでいるあいだは、孫の顔を思い浮かべて「これあげたら、どう反応するかな」なんて想像してますしね。そうやって場面場面を面白がれば、やっていることがバカに素敵でバカに楽しい行為になっていくんです。

「いいバカ」になるために大切なのは、想像力じゃないでしょうか。お土産を受け取ったときの孫の反応を想像するから、無駄と思える行為が面白くなる。想像なんて、どんなふうにしたっていいんだから、自分の中でどんどん面白くできます。

食堂で料理を待ってたら、あとから頼んだ人のほうに先に行っちゃった。そこで「おい、こっちが先だろ！」と怒る人もいるでしょう。自分の気持ちのままストレートに行動することしかできないのは、「困ったバカ」です。怒っちゃったら、その料理が出てきても、もうおいしくは食べられません。お店の雰囲気も悪くなって、ほかのお客さんにも迷惑です。

ちょっと反応の鈍いバカは、反射的に怒ることなんてできない。「あれ？」と思っているうちに、タイミングを逃しちゃう。だけど、それでぜんぜんいいんです。自分のところに運ばれてくるのを待ちながら「店員さんは『あっ、こっちの人が先だったな』と気づくかもしれない。どんな反応をするだろう。先に食べてるあっちの人も、もし気づいたらどうするだろう」なんて想像して、一気にドラマチックな時間になります。

実際は、ただ遅めに運ばれてきて、店員さんも先に食べてる人も何も気づかない可能性のほうが高いでしょう。客観的に見れば、黙って泣き寝入りしただけとも言えます。「ちゃんと文句言わなきゃ。バカだなあ」と笑う人もいるかもしれない。でも、あれこれ想像して十分に楽しんだんだから、待たされた分のマイナスなんて余裕でおつりが来ます。

「いいバカ」になるために必要なのは、想像力ともうひとつ、物事を俯瞰《ふかん》で見る視点ですね。自分の感情のままストレートに行動する「困ったバカ」は、まわりが目に入っていないし、その後の展開も見えていない。小さな災難を大きな災難にふくらませがちです。

豊かな想像力と物事を俯瞰で見る視点があれば、小さな災難を楽しい出来事に変えることができる。大きな幸せに変えられると言ってもいい。「いいバカ」になれば、毎日を楽しく過ごせるんです。バカならではの勘違いかもしれませんが、自分が楽しいと感じればそれでいいわけですからね。

落語に登場する「いいバカ」たちは、バカが持つ可能性を教えてくれる

落語の世界には、たくさんのバカが登場します。バカが出てこない話はないと言ってもいい。そのバカたちは、じつに魅力的です。「いいバカ」の勉強になるし、バカが持つ無限の可能性が描かれている。才能開発というか別の価値を見いだすというか、必ずいい部分があると感じさせてくれるんですよね。

古典落語に「道具屋」という噺があります。主人公は与太郎。落語の中の与太郎といえば、バカと相場が決まっています。「笑点」に出始めたとき、立川談志師匠が「木久蔵は与太郎だよね。その線で行ってみな」と役を与えてくれました。

「道具屋」の与太郎は、もう立派な大人なのに仕事をしていない。いまだにお袋さんから小遣いをもらってる。親戚のおじさんが心配して、与太郎をたしなめます。遊んでばっかりいないで、何か仕事をしようと思ったことはないのかって。そしたら与太郎が、意外なことを言い始めるんです。

「おじさん、あたいは郵便局で働こうと思ってる」

「郵便局なんてのは、読み書きができる人の行くところだ。お前、できないだろ」

「それが、あたいにもやれる仕事があるんだ」

「いったい何をするつもりだ？」

「郵便ポストの横で、舌を出して立ってる。そうすれば切手を貼りたい人の手間が省けて便利だから」

そんなやり取りがあるんです。おじさんは「だからお前は自分の手に職をつけるということができないんだ」と呆れて小言を言うんですけど、そんなことを瞬間的に思いつくなんて、与太郎の発想はすごいですよね。

まだ続きがあります。おじさんが、道具屋をやってみろと言って、商いの品物をいろいろ見せてくれる。ろくなものはないんです。焼け跡で拾ってきたのこぎりとか、すぐに首が抜けて鼻が欠けてるお雛様とか。

「おじさん、お雛様の鼻が欠けてるけど、病気でもしたのかな？」

「人形が病気するわけないじゃねえか。ネズミが夜になると出てきてかじるんだ」

「おじさんちはネズミが出るんだね。あたいがネズミの捕り方を教えてあげる」

なんて言って、ネズミの捕り方の説明を始めるんです。その方法が、ひじょうに素晴らしい。大根おろしのおろし金《がね》にご飯粒をなすりつけておく。それをネズミが出入りするところに立て掛けておくと、こんなところにご飯粒があると思って食べ始める。

「下がおろし金だから、ネズミは食べれば食べるほどすりおろされちゃって、朝になると尻尾だけ残ってる」

与太郎は得意げに説明します。おじさんはまたまた呆れるわけですけど、おろし金のご飯を食べるうちにすりおろされるなんて、なかなか考えられませんよ。

与太郎にしかできない発想を生かすことが大事

話が進んでいくと、与太郎はもっとすごいことを言い出します。売り物の中に掛け軸がある。与太郎はそれを見て、感心しながら言います。

「おじさん、あたいにもわかるよ。この掛け軸はすごいね。勢いよくそうめんが流れてきて、それをボラが食ってる」

「そうめんじゃないよ。滝に水が落ちてて、鯉が勢いよく登ってってるんだ。そうやって滝を登るから、鯉は出世魚って言われてるんだ」

「そうか滝なのか。じゃあ、あたいがおじさんに鯉の捕り方を教えてあげる」

「また何か教えてくれるのか。どう捕るんだ？」

与太郎は説明を始めます。バケツをふたつ持ってきて、そこに水をいっぱい入れる。鯉のいそうな池に行って、架かっている橋の真ん中に立つ。ひとつのバケツを下に置いて、もうひとつのバケツを目よりも高く差し上げて、水をこぼすんだって言うんです。

「こぼしながら『滝だ、滝だ！』って騒げば、池の中の鯉が『おや、どうやら滝ができたらしいですよ。私、まだ登ったことがないので、お先に失礼します』とか何とか言って、どんどん登ってくる。帰る頃には両方のバケツが鯉でいっぱい」

おじさんは、また「よくそんなこと考えつくな」って感心しながら呆れるわけです。そこからまた道具屋の商売のやり方の話に戻るんですけど、ぼくは与太郎のぶっ飛んだ発想がどんどん出てくるくすぐりのところが好きなんですよね。

落語の中に出てくるバカは、けっしてダメな人間ではない。「道具屋」の与太郎ぐらいまでいくと、天才に近いですよね。すごい能力に気がつかない人のほうがバカだと言ってもいい。道具屋をやらせて失敗ばっかりする様子が落語になっていて、そこが面白いんですけど、漫画家や戯作者になればきっと大成功すると思うんですよね。

ちょっとボーッとした人でも、いいところやその人にしかない能力がきっとある。まさに「バカとはさみは使いよう」です。落語は一見ダメそうな人が隠し持っている取り柄の見つけ方や、人それぞれの生かし方のヒントを与えてくれます。

落語が描き出す世界には、バカに対するやさしさや大らかな視点がある。落語を聞いて与太郎のバカさ加減に笑いながら、そういった視点があるということも意識してもらうと、より楽しめるかもしれませんね。

なるべく「いいバカ」になるために、私が日常生活で実践していること

「いいバカ」というのは、突き詰めて言うと「平和をもたらしてくれる存在」なんじゃないかと思うんです。人生において、ケンカほど不毛なことはありません。もちろん、家族のあいだでも同じです。まずは自分が「いいバカ」になることで、毎日を穏やかに楽しく過ごすことができる。それって大事なことですよね。

すべての人に当てはまるかどうかわかりませんが、なるべく「いいバカ」になるために、私が日頃から実践していることがあります。それは「テンポをひとつ遅らせる」ということ。具体的にご説明しましょう。

例えばうちのおかみさんが、ぼくが起きてくると「お父さん、夜のおかず何にする？」って聞くんです。普通だったら「起きたばっかりなのに、夜のおかずなんて浮かぶわけないじゃない」と返すんだけど、ちょっとずらして「トンカツがいいんじゃないか」って言っ

てみる。次の日も、聞かれたら「トンカツがいい」。その次の日も「トンカツがいい」。そうするとおかみさんが、「お父さん、面倒臭いからそう答えてるだけなんじゃないの」と聞いてきます。ぼくは「うん、そうだよ」って。そういうのがバカのコツなんです。

何のおかずがいいか真面目に考えて、「起きぬけにそんな話するんじゃないよ」なんて返したら、きっとケンカになる。テンポを遅らせて、緊迫する状態になるのを避けるんです。いつもそういうことをやっていると、楽しいんですよね。実際、食糧難の時代に育ったぼくにとってトンカツは最高のごちそうだし、大好物だから口からすっと出てきます。

みなさんもぜひ、奥さんに「今日の夜、何がいい？」と聞かれたら、毎日毎日、「カキフライかな」とか何とか同じ答えを返してみてください。そのうちに奥さんは、聞いたあとで答えを待ち構えるようになります。こっちが「うーん、カキフライかな」と言うと、「やっぱりそう言った」と喜んでくれる。カキフライという食べ物も面白くなってくるんですよね。

たまには本当にカキフライが出てくるかもしれないけど、たいていは別のおかずが出てきます。「カキフライは？」なんて言うと、奥さんに「何言ってんのよ。お昼も揚げ物だったでしょ」と軽く流されちゃう。そのときに大切なのは、反論しないこと。けっして「好きなんだから、続けて食べたっていいじゃないか」なんて言ってはいけません。

何事もなかったかのように、翌日また同じように「カキフライかな」と言い続ける。だんだん間をあけて、「そうだなあ。うーん、やっぱりカキフライかな」とテンポを遅らせると、やり取りすること自体が面白くなってきます。相手が「どうせカキフライでしょ」と言い出したら、こっちのもんですよね。「いいバカ」としての努力が実を結んだ瞬間です。

落語の笑いは椅子の中のスプリング

「落語の笑いって何ですか？」と聞かれることがあります。そういうときにぼくは、ふたつの椅子の話をします。片方は木の硬い椅子で、座れば休憩はできるけどお尻が痛くなる。もう片方の椅子はスプリングが付いていて、座り心地がいい。そのスプリングの役を果たしているのが、落語の笑いなんですよって答えます。

スプリングがあってもなくても椅子は椅子だし、腰掛けることはできる。でも、人が腰掛けたときに、どっちが気持ちいいのか。スプリングがあるほうの椅子は、体全体にフワッとやわらかい感覚を与えてくれます。どうせ座るなら、そっちがいいですよね。

「いいバカ」になるというのも、似たところがあるんじゃないでしょうか。お利口な人は、物事をきっちり受け止めます。ただ、硬い椅子みたいなもので、遊びや余裕はありません。周囲の人や仕事相手との人間関係も、硬い椅子みたいな接し方をする人っていますよね。ちゃんとしてはいるんだけど、何となくギスギスして座り心地が悪い。

その点「いいバカ」は違います。心の中にスプリングを持っているから、どんなこともやわらかく受け止めることができる。人生はなかなか思いどおりにはいきませんけど、多少の見込み違いや失敗はふんわりと受け止められます。人間関係だって、悪気はなくても行き違いや摩擦が付きものですけど、スプリングがあればどうってことありません。

物事の「正解」にこだわらないとか、自分の失敗にも他人の失敗にも甘いとか、間違いを責めるんじゃなくて楽しんでしまうとか、そういうのが「いいバカ」が持ち合わせているスプリングなんじゃないでしょうか。

テレビを見ていると、毎日毎日、いろんなニュースが流れてきます。腹の立つニュースもたくさんありますが、いちいち「ケシカラン!」と腹を立てて文句を言ってる人もいる。

本人は正義の味方になったみたいで気持ちいいかもしれませんけど、まわりにいる家族は不愉快で仕方ありません。本人だって、血圧が上がるばっかりで健康によくない。

そういう人は、たとえ小難しいことを言っていたとしても、だいぶ「困ったバカ」ですね。社会の動きに関心を持つことは大切ですけど、テレビの前で腹を立てたところで何の役にも立ちません。「いいバカ」は持ち前のスプリングを活用して、ヘラヘラ笑いながらニュースを茶化してしまう。「不真面目だ！」と怒られそうですけど、その言葉は「いいバカ」にとってはホメ言葉です。

「いいバカ」と「困ったバカ」の違いは、心の中にスプリングがあるかないか、物事や他人に対してスプリングをきかせた接し方ができるかどうか、かもしれませんね。ふんわりいきましょう。「スプリング・ハズ・カム」って言うでしょ。

「バカを極めた天才」が分類！
世の中で目につく「100のバカ」

「バカ」に関しては誰よりも真剣に考え続けてきました。世の中には、じつにさまざまなバカが存在します。そしてすべての人は、自分の中にたくさんのバカを持っています。それが人間の宿命です。

昔から「バカを知り己を知れば百戦危うからず」と言いますよね。……あれ、ちょっと違うかな？　とにかく、バカを深く知ることは、なるべく「いいバカ」になるための第一歩です。世の中を見渡したり自分の胸に手を当てたりしながら「100のバカ」を探し出して、それを10種類＋番外編に分類してみました。

ズラリと並ぶ「100のバカ」は、ほとんどは「真似してはいけないバカ」ですが、中には学びたい要素が含まれたバカもあります。お読みになった方が、それぞれ参考になさってください。

あなたもすでに仲間入りしているかも

分類その1　自覚しづらいバカ

●「自分はバカじゃない」と思っているバカ

バカじゃない人間はいません。それに気づけないのは困ったバカです。

「俺のどこがバカだっていうんだ！　バカなところがあるなら言ってみろ！」

「えっと、そういうところです」

●あの手この手で人をバカにしたがるバカ

生きるのが不安なのかもしれませんけど、あれこれあら探しして、ああだこうだと人をバカにしても自分は賢くなりません。子どもの頃によく言った「バカっていうヤツがバカなんだよ～」という言葉は、とても大切な真理を含んでいますね。

●「本当の自分」や「自分らしさ」を探すバカ

いくら探し回っても、そんなものは見つかりません。たいていは足元にあります。

「お前、もうひとりの自分を探してるんだって?」

「それが、なかなか見つからないんだよ」

「どこかに本当のお前がいるとしたら、それを探しているお前は誰なんだ?」

「……ん、あれ?」

●しきたりや慣習をとにかく守りたがるバカ

守る意味や必要性を考えずに守りたがる人ほど、守らない者を強く批判します。「レイで始まってレイで終わる」なんて言いますけど、ハワイじゃないんだから。

●「自分は運が悪い」と思い込んでいるバカ

そう言いたがる人って、うまくいかない理由を「運」のせいにしてるんですよね。

「チクショー、目覚まし時計が鳴らなかったから遅刻しちまった」

「バカヤロー。目覚まし時計が鳴る前に起きりゃいいんだ!」

●口を開けば悪口か愚痴しか言わないバカ

聞かされるまわりはいい迷惑だし、本人だって楽しくないと思うんですけどね。

「ヤーイ、お前は落語が下手だ！」

「ウルセー！　だったら教えてくれた志ん生師匠に言え！　文句あるか！」

●過去の成功体験にとらわれているバカ

過去はあくまで過去。同じようなやり方でまたうまくいくとは限りません。

「前に来たときはここに雪だるまがあったはずだけど」

「お前さん、今は8月だよ」

●過去の失敗体験にとらわれているバカ

過去はあくまで過去。「どうせ今度もダメだろう……」と思った時点で、やる前から失敗してしまいます。人生は振り向いてはいけません！　クルマを運転してて車線変更をするときは、振り向かなきゃいけません！

●イライラや不機嫌を平気で顔に出すバカ

コワイ顔して苦み走ったイイ男のつもりなんでしょうけど、関係ないのにそういうマイナスの感情に巻き込まれるのは、とっても迷惑です。

「あの、すみません。イライラしてらっしゃるところ恐縮なんですけど」

「おどおどして。そういう言い方がムカつくんだよ！」

「あーあ、せっかく気を使ってあげたのに、結局怒られちゃった」

●死ぬことへの不安や恐怖が大きすぎるバカ

どんなに心配してもどんなに怖がっても、やがて死なないわけにはいきません。

「長生きするのはどうすればいいんでしょうか？」

「死なないように用心することだな」

非常に厄介で、あらゆる「バカ」に共通する特徴でもありますが、自分で気づくのは難しい。しかも、これを読んでも「自分にはどれも当てはまらない」と思ってしまう人もいるでしょう。バカだから……。

男性も女性も違いがわかる人になりたいですよね

分類その2

違いがわからないバカ

●「いいかげん」と「いい加減」の違いがわからないバカ

手を抜いて「いいかげん」にやるのと「ちょうどいい加減」を目指すのとでは、雲泥の差があります。「おもてなしがいいかげん」と言われる旅館はダメですけど、「おもてなしがいい加減」な旅館にはたくさんお客さんが来るでしょう。

●節約とケチの違いがわからないバカ

無駄遣いはいけませんが、使うべきときに使わないのはお金に失礼です。とくに結婚祝いや御仏前は、気前よく多めに包みましょう。いつか必ず〝生き金〟になります。

●叱られると怒られるの違いがわからないバカ

愛情を込めて叱ってもらっても、怒られたとしか受け止められないようでは……。私は弟子を叱るときには、おいしいものを腹いっぱい食べさせてから小言します。そのほうが身に染みるんです。

●厳しい指導とパワハラの違いがわからないバカ

ビシビシ教えてもらえるのは新人のうちだけなのに、もったいない話です。

「脱いだ履物はちゃんとそろえなさい！（それができないヤツは何をやってもダメだ）」

「は、はい……（細かいことを言う師匠だな。こういうのをパワハラって言うんだな）」

●愛情と束縛の違いがわからないバカ

これは子どもに対してだけではなく、男女の関係でもありそうですね。

「あなたのことが心配で仕方ないの。今日もついていきます」

「お母さん、課長に『会社はひとりで来なさい』って言われちゃった」

●差別と区別の違いがわからないバカ

なんでも「同じ」にするのが「平等」なわけじゃないと思うんですよね。一緒に生まれたわけじゃないんだから。ちなみに、落語家には5つの位があります。前座、二ツ目、真打、理事、そしてオダブツ。

●用心すると怖がるの違いがわからないバカ

ウイルスにしても何にしても、闇雲に怖がっていたって疲れるだけです。

「あなた、事故が怖いから外に出かけないで。あなた、食中毒が怖いから何も食べないで。あなた、新型ウイルスが怖いから息を吸わないで」

●謙遜と自虐の違いがわからないバカ

謙遜して自分を落とした言い方をしてるだけなのに、慰めちゃったりして。

「いえいえ、貯金なんてぜんぜんありませんよ」

「そうなんですか。でも気を落とさないで強く生きてくださいね」

●ホメ言葉とお世辞の違いがわからないバカ

すべてを「どうせお世辞」と受け取るのも、それはそれで残念な性格ですけど。

「名刺の肩書きに『天才』と書いてあるんですね……」

「はい、このあいだ『あなたは天才です』って言われたので、そうなのかなと思って」

●自分の物差しと他人の物差しの違いがわからないバカ

誰しも大事なものがあります。お互いの大事なものを尊重し合いたいですね。

「子どもの誕生日に贈るなら、やっぱり辞書でしょ。マンガを贈るなんて信じられない」

「子どもの誕生日に贈るなら、やっぱりマンガでしょ。辞書を贈るなんて信じられない」


このあたりの違いがわからない人は、なんせ「わからない」まま過ごしているので、自分がわかっていないことをわかっていません。「自分は大丈夫」と油断せず、胸に手を当てて考えてみましょう。

人はつい「分」を踏み越えてしまいます

分類その3 分別がついていないバカ

●プロに対して素人考えをアドバイスするバカ

相手はニコニコ聞いているかもしれませんが、腹の中は煮えくり返っています。「あなた、マンガ家なんでしょ。だったら『ドラえもん』や『鬼滅の刃』みたいなのを描いたら、たちまち売れっ子になれるわよ」

●芸人が芸でやっていることを素だと思っているバカ

それだけ芸が板についているということかもしれないんですけどね。私は「笑点」で50年以上にわたってバカをやっていますが、本当は利口なんです。ただ、長年バカをやっているうちに、ホントのバカになってきたかも……。

●よその家の子育てにダメ出しをするバカ

子育てに正解はないし、どういう親に育てられるかもその子の運命です。

「子どもは厳しく育てないと！」「叱らない子育てが理想です！」「このわからずや！」

それを見ていた子どもたちが「父さん母さん、ケンカはよくないよ」。

●我が子の孫の育て方に口を出しすぎるバカ

いくらカワイイ孫でも、どう育てるかは親である息子なり娘なりに任せましょう。

「あの子ったら、娘を日本一のバレリーナに育てるんだって、ずっと言ってるのよ」

「まあいいじゃないか。好きにさせてあげようよ」

「だけど、娘はもう41歳よ！」

●人様の商売にあれこれケチをつけるバカ

こういうことができる人は、きっと苦労をしたことがないんでしょうね。

「あのパン屋のメロンパン、メロンなんて入ってないんだぜ。とんだニセモノだよ」

「とんでもないパン屋だな！　オレ、ずっとだまされてた」

●人様の親の仕事や性格を悪く言うバカ

友だちや知り合いだけじゃなくて、結婚相手の親を悪く言ってしまう人もいます。

「えっ、キミんちの親は、目玉焼きに醤油をかけるの？　変わってるねー」

「ウチの親のやることをとやかく言わないで！　あなたなんて大嫌い！　離婚します！」

●人様の異性の好みや服装のセンスにケチをつけるバカ

どんなに「ヘン」と思っても、それがその人の趣味なんですから。

「水着の結婚式だなんて、そんなのは着るものがないヤツのやることだ！」

●好みはさておき食べ物に優劣をつけたがるバカ

職業と同じように食べ物にも貴賤《きせん》はありません。高ければ偉いわけでもありません。

「さすがに高級キャビアだね。世の中にこれ以上うまいものはないな」

「そうかなあ。ウチの梅干しのほうがうまいけどなァ」

●口に合わなかった料理をマズイ料理扱いするバカ

まさに「口に合わなかった」だけで、おいしいと思っている人もたくさんいます。

「このマグロのトロの握り、高いくせにマズイなあ」

「ラー油を付けたらマズイに決まってるだろ！　合うわけないよ！」

●後出しで「俺も同じことを考えてた」と言うバカ

商売にせよ何にせよ、成功を見てあとからそう言うのは誰にだってできます。「ザブトン運びの山田の仕事って、誰にでもできるよな」とかね。

人それぞれ、自分の「領分」や「分際」があります。自分の「分」をはみ出して、人様の「分」にズケズケ踏み込んでいってはいけません。大人としては、自分と他人の「分」の区別、つまりは「分別」をわきまえたいものですね。

気持ちいいからこそ注意したいですね

分類その4

自慢したくてたまらないバカ

●過去の武勇伝を何度も繰り返し話すバカ

昔どんなことをしたかよりも、今どんなことをしているかが大事ですよね。

「オレはなー、会社にいるときは専務だったんだぞ」

「あらそうなの。定年退職したあとは何にもセンムね」

●偉い人と知り合いであることが嬉しいバカ

こういう自慢をする人が、その人と深い知り合いだったためしはありません。

「えっ、彦六師匠をよくご存じだったんですか？」

「はい、よく知ってますよ。テレビでいつも見てましたから」

●何かというと学歴の話をしたがるバカ

学歴のご立派さを強調されると「それでこの程度？」なんて思っちゃいます。

「ほら、宅の主人はトウダイ出身ざますから」

「へえー、犬吠埼ですか？　それとも大王崎？」

●所属している会社の威を借りるバカ

会社のご立派さを強調されると「で、あなたは？」なんて思っちゃいます。

「あのビルもあっちのビルも、うちの会社が建てたんだよ」

「それはいいけど、あなたがこのあいだ作った犬小屋、3日で壊れちゃったわよ」

●持ち物で自分を大きく見せようとするバカ

いい時計をしていいクルマに乗っていても、当人は大きくならないんですけどね。

「このルイ・ヴィトンのトランクはオレの自慢さ」

「ずいぶんデカいけど、何に使ってんの？」

「ラーメンを売るときに、いっぱい入って便利なのさ」

●話の流れを無視して知識を披露したがるバカ

そんなに必死に「博学っぷり」をアピールされても、尊敬の念は湧いてきません。

「中国のロケットが火星に着いたってね」

「漢字ばかり書いてあるロケットで、火星人も読めなくて驚いたらしいね」

●近しい人の手柄を自分の手柄にしてしまうバカ

日本人のスポーツ選手が活躍したときも、自分の手柄みたいに話す人がいます。

「大リーグの大谷、活躍してるね。オレは前からたいしたヤツだと思ってたんだ」

「知り合いなの？」

「昔、一度すれ違ったことがある」

●人様の出身地や住んでいる場所を見下すバカ

そうすることで自分の側を上げたいんでしょうけど、逆効果でしかありません。そういえば身近にも「秩父の山猿」「大月の原始人」なんて言い合ってるのがいますけどね。

●自慢話をされると自慢話をかぶせてくるバカ

で、かぶせられた側はまたかぶせ返して……。キリがないし救いようもありません。

「この宝くじが当たったら、オレは億万長者さ」

「お前のは1等が1億円だけど、オレのは1等が3億円の宝くじだぜ」

(聞いている人の心の声)「当たってから自慢しろ、バカ!」

●人の自慢話を笑って聞き流せないバカ

ムッとしたり対抗したりしないで、したい人には自慢させておけばいいんですよ。

「オレ、貯金が1億円あるんだぜ」

「へえー、死ぬまでにどうやって使うの?」

近頃は、相手より上に立とうとしたがることを「マウンティング」と言うらしいですね。いやしくも人間様が、猿山のサルと同じことをしてちゃいけません。でも、人間だからやってしまうのかなあ。

気をつけていないと見えなくなりがちです

分類その5

まわりが見えていないバカ

●親や家族のありがたみがわかっていないバカ

いて当たり前、してもらって当たり前が、いつまでも続くわけじゃありません。

「おい、お前。あれはどこに置いたかな。……あっ、カミさんは半年前に死んじまったんだっけ」

●成功や出世は自分ひとりの力だと思っているバカ

うまくいったときこそ「おかげさま」の気持ちを忘れないようにしましょう。

「どうだい、私の先見の明は！　これが流行ると思ってたんだよ」

「はあ、さすがですね（これまでにロスがどれだけあったことか……）」

●夢中になると周囲の声が耳に入らなくなるバカ

こういう人に限って、あとになって「なぜ言ってくれなかったんだ」なんて言ってきます。えっ、ぼくはそんなこと言いませんよ。でも、あのときに誰かひとりぐらい「バルセロナにラーメン屋を出すなんてやめたほうが」って言ってくれていたら……。

●人の親切や厚意を当たり前だと思っているバカ

せめて「ありがとう」のひと言ぐらいはないと、だんだん人が離れていきます。「おっ、ご苦労さん」なんて、こっちはあんたの部下じゃないんですから。

●ちょっと出世すると友だちにまで威張り出すバカ

ついつい調子に乗るのは人の常ですけど、友だちにそれをやっちゃいけません。

「いやァ、忙しくて忙しくて。去年に比べて売り上げが3倍になっちゃったよ」

「そこまで自慢しておいて、このコーヒー代は割り勘かよ！」

●ヒンシュクを買っていることに気づかないバカ

いい歳になると、誰も「やめたほうがいいよ」と注意してはくれませんからね。若いうちの苦労は買ってでもしたほうがいいと言いますけど、いい歳のヒンシュクは買ってはいけません。

●ノロケ話の加減がわからないバカ

幸せそうでけっこうですけど、たっぷり聞かされるとこっちは不幸になります。

「ウチのカミさんのことなんだけどさ」

「悪口ならタダで聞くけど、ノロケなら5分ごとに500円だからな」

●大勢がいる場で一部にしかわからない話をするバカ

わかっている同士は楽しくても、それ以外の人はポカンとするしかありません。そんなときは「ああ、あの人ね」「ああ、あの店ね」と、知っているフリをしてしまいましょう。

「あれ、このコト、お前も知ってたっけ」

「いや、知らない。でも、どうでもいい話だから合わせてるだけよ」

●**歩道で横に広がって話しながら歩いているバカ**

これは集団のバカ。「ごめんなさい」と追い抜くと、舌打ちしてきたりとかして。ひとりの場合も、人通りの多い場所で歩きスマホをやってるのは同じ種類のバカですね。

人間は基本的には、自分にしか興味がない生き物です。だからこそ、常に意識してしっかりまわりを見ていたいものです。しっかり見た上で、まわりの目をあえて無視して自分を貫くこともありますけどね。

こういう人は信用も人望も得られません

分類その6

マナーや礼儀を知らないバカ

●**ちゃんと「ありがとう」が言えないバカ**

お礼の言葉は、早くしっかり念入りに。出し惜しみすればするほど損をします。親が小さい子どもに言うように、弟子を見ていて「ほら、○○さんに『ありがとう』は！」と言いたくなる場面のなんと多いことか。

●ちゃんと「ごめんなさい」が言えないバカ

迷惑を受けた側は「ちゃんと謝ってもらったかどうか」をずっと覚えています。思い当たることがある人は、時間がたってからでもいいので「あのときはすみませんでした」と言いに行きましょう。

●ちゃんと「ごちそうさまでした」が言えないバカ

ごちそうになったときはもちろんですけど、家でもお店でも必ず言いたいですね。

「先輩、ごちそうさまでした」

「バカヤロー、まだ食べてないし、まだおごるとも言ってないぞ」

●ちゃんと「ご苦労さま」「お疲れさま」が言えないバカ

ねぎらいの気持ちや感謝の気持ちは、口に出さないと伝わりません。

「(あっ、課長が帰りそうだ。課長は今日は何も仕事してないから『お疲れさま』だと皮肉に聞こえちゃうかなあ……) え、えーっと、課長、今日はチョッピリお疲れさまでした！」

●人に挨拶をするときに斜めを向いているバカ

顔だけを相手に向けていたら、たとえ頭を下げても悪い印象を与えるだけです。スマホを見たまま顔を上げないなんてのは論外。そんなときはこっちを向くまで何度でも「おはよう！」と言ってやります。耳のすぐそばでね。

●人を紹介してあげてもその後の報告をしないバカ

紹介したほうから「あの話、どうなったの?」とは聞きづらいものです。昔から「人にしてあげたことは忘れろ、人からしてもらったことは忘れるな」って言いますけど、それにしてもねえ。「あの話、どうなったの?」と聞いても「えっ、どの話でしたっけ」とすっかり忘れているのは、また別の意味でのバカですね。

●混んでる電車で荷物を自分の横に置いて座っているバカ

まわりからの白い目にも気づかない。あれ、いい度胸ですよね。

「イナイイナイ、バァ～」

「ちょ、ちょっとあなた、私のカバンに向かって何やってんですか」

「あ、カバンか。堂々と置いてあるから子どもかと思った」

●エレベーターで乗り降りするときにひと言言えないバカ

黙って身体を押してきたり、「開」のボタンを押してるのに知らん顔だったり……。今度デパートでそういうことがあったら「5階でございます。5階は紳士服、靴、カバン売り場がございます」って言ってやろうかな。

●いきなり電話してきて一方的に長話をするバカ

電話が迷惑なわけじゃなくて、こっちの都合を無視されるのが迷惑なんですよね。

「もしもし、あの件なんだけどさあ。えっ、今移動中で忙しい。勝手なヤツだなあ」

「ご、ごめん（こいつは幸せなヤツだなあ……）」

●銭湯や温泉でかけ湯をせずに湯船に入るバカ

前を隠さずにウロウロするのもやめてほしいです。べつにそんな粗末なもの、見たくないですから。「おいおい、こういうところでは前を隠しなさいよ」と注意しても「大丈夫です。ボク、気にしない人なので」なんて言われちゃったりね。

マナーや礼儀と聞くと、若い人は「堅苦しい」と感じるかもしれません。でも、相手に対する敬意や思いやりの気持ちを伝えるには、マナーや礼儀を守るのがいちばんわかりやすくて確実なんです。便利な道具だと思って使いこなしましょう。

「業」でもあるし、かわいらしさでもある？

分類その7

人間の「業」を感じさせるバカ

●たまにモテるとすぐ人にふれ回るバカ

言いたい気持ちはよくわかりますが、本当にモテる人はけっしてやりません。

「このあいだ駅前を歩いていたら、若い女の子に道を聞かれちゃってさ」

「俺がその話を聞くの5回目だぞ」

●財布がモテているのを自分がモテていると思うバカ

他人だとすぐわかりますが、自分のこととなるとわからないもんなんですよね。

「いや、あの娘とオレは、ホステスと客って感じじゃないんだ。そりゃ、店でしか会ったことはないけど、それは彼女の立場を考えてのことで……」

●フラれると自分を棚に上げて相手を悪く言うバカ

これも気持ちはわかりますが、言えば言うほど自分の株を下げてしまいます。

「あの女、ラーメンしかおごってくれない人とは付き合えないって言いやがってさ。あんな贅沢な女、こっちから願い下げだよ。マッタク！」

●人が成功すると何とかケチをつけようとするバカ

心から祝福するのは無理でも、せめて〝フリ〟ぐらいはしたいものです。

「売れたからって調子に乗るんじゃないぞ。お前なんて、オレよりちょっとだけセンスがあって、ちょっとだけ顔がよくて、ちょっとだけ努力家ってだけだからな」

●うまく言っている人の失敗を願ってしまうバカ

自分が苦しい状況にあったり疲れていたりすると、そう思ってしまいがちですね。

「お前なんか、芸能界でスキャンダルをでっち上げられて、人気がなくなっていなくなればいいのに」

「先輩、心の声がダダ漏れになってます」

●若いコにおねだりされると財布の紐がゆるむバカ

おじさんやおじいさんだけじゃなくて、女の人だってその傾向はありますよね。「オレは大丈夫！　だって、オレの財布は紐じゃなくてチャックなんだから」

●「ここだけの話」を黙っていられないバカ

もしかしたら、相手が黙っていてくれると思って話すほうがバカなんでしょうか。「ここだけの話」「絶対に誰にも言わないでね」と言って話したほうが、広まりやすいかも。

●美男美女が結婚すると「絶対に離婚する」と言うバカ

自分には関係ないのにそう言いたくなるのは、あれ、どうしてなんでしょう。おかげさまでウチは、今年で結婚して57年。あれ？　結婚したときに、誰も「あいつらは絶対に離婚する」って言わなかったなあ。

●医者に止められても酒やタバコがやめられないバカ

業というか弱さというか……。自分の健康のためなんですけどね。

「酒もタバコもやれないんだったら、死んだほうがマシだよ」

「バカなこと言うんじゃない。健康は命よりも大事なんだぞ！　オレは健康のためなら死んでもいい！」

●言うことは立派でも行動が伴っていないバカ

落語家は言葉が商売道具ですけど、それでも口ばっかりでは信用されません。言うはやすし、ってヤツですよね。やすしといえば、私の友人の横山やすしさんは有言実行の人でした。「このドアホ！」ってね。

人間というのは、欲には弱いし、すぐ妬《ねた》み嫉《そね》みの気持ちを抱くし、苦しいことを我慢できない。でも、そこが愛おしいし面白いんですよね。七代目談志師匠も「落語とは人間の業の肯定である」とおっしゃっていました。

人を騙すバカよりはマシ……かも

分類その8

騙されやすいバカ

●テレビや新聞の言うことを素直に信じすぎるバカ

人間にとって素直さは大事ですけど、素直すぎるのもちょっと問題です。何ごとも「鵜呑み」はいけません。ノドに詰まってたいへんなことになります。もちろん「笑点」は真実しか言わないので、どうかご安心を！　えっ、信じられないって？　ヘンだなァ。

●知り合いから聞いた噂話を素直に信じすぎるバカ

とくに「○○さんがあなたの悪口を言ってた」という告げ口は、聞き流しましょう。たいていの場合、本当の〝悪者〟は、不愉快な情報をわざわざ伝えてくるその人です。

●政府の「大本営発表」を素直に信じすぎるバカ

戦争を経験した私たちは、政府の言うことを鵜呑みになんてできません。どんどん戦況が厳しくなっていっても、ラジオでは毎日「日本軍は連戦連勝！」って威勢のいいことを言ってましたからね。

●ご機嫌取りのおべんちゃらを真に受けるバカ

聞こえがいいことを言う人を信じると、間違いなくロクなことになりません。「木久扇師匠は素晴らしい！　天才！　ラーメンの神様！」そういうことは遠慮なくどんどん言ってくださってけっこうです。気持ちいいので。

●儲け話をされるとつい夢がふくらんでしまうバカ

身に覚えがたくさんあります。あれこれ言っているうちは楽しいんですよね。「うまくいったら、入金が増えすぎて通帳の幅が足りなくなるんじゃないの」「よし、そうなったら日本中の通帳のサイズを変更しちゃおう！」

●ダメ男（ダメ女）と別れては復縁しているバカ

情にほだされるのか「今度こそは心を入れ替える」を信じてしまうのか……。「あなたのそのセリフは聞き飽きたわ」と返すほうも、同じセリフを何度も言ってるんですよね。

●世間で非難されている人を攻撃するバカ

炎上って言うんですか。インターネットの世界では毎日のように発生しているらしいですね。いっせいに「それー」と群がる様子は、まるで大発生したイナゴみたいです。

●「期間限定」や「本日限り」に弱いバカ

あわてて買ったら、また次に行ったときにも「本日限り」と書いてありました。

「おじさん、先週も『本日限り』って書いてあったじゃないか」

「いいんだよ。今日という日はいつだって本日限りなんだから」

●新製品が出るたびに欲しくなってしまうバカ

機能はたいして変わらないのはわかっていても、買うのが楽しいんでしょうね。

「あなた、また新しいスマホにしたの。どこが違うのよ」

「なに言ってんだ。前のは××で、こっちは△△だぞ。名前がぜんぜん違うんだ！」

●女優はトイレに行かないと信じているバカ

そう信じたい気持ちも、それはそれで尊いものだと思います。

「あのー、大女優の大空ハト子ですけど。ご用意いただいたお部屋にトイレがないんですが」

「えっ、大空さんってトイレにいらっしゃるんですか。ビックリです。なくても大丈夫って思ってまして！」

自分で自分に暗示をかけて「絶対イケる！」と思い込むのも含めて、知っているのに騙されるのって楽しいんですよね。騙すバカになるぐらいなら、騙されるバカのほうがずっといい。これはまあ、それが木久扇なんですけど。

本人だけが恥ずかしさに気づいていない

分類その9　見てるこっちが恥ずかしくなるバカ

●お客の立場になるといきなり威張り出すバカ

飲食店でいっしょにいる人にこれをされると、居たたまれない気持ちになります。

「おいおい、ここのコンビニのバイトは、客への口の利き方も知らないのか！」

「あれ、私、おじさんの顔、知ってる。パパの会社で働いてるよね。ヘボ山商事の人！」

「お、お嬢様、コンビニでアルバイトとは感心ですね」

●お客の言うことを何でもヘコヘコ聞くバカ

我慢も必要なんでしょうけど、理不尽な要求まで聞くことはないと思いますよ。

「やい！　この店は、お客様は神様だってことを知らないのか！」

「あのォ、ほかの神様にご迷惑ですので、疫病神の方はお引き取りください」

●役所や銀行の窓口で大声でわめいているバカ

おじいさんに多いですよね。普段よっぽど誰にも話を聞いてもらえないのかな。

「私を誰だと思ってるんだ！　前の前の市長の親戚の友だちだぞ！」

「はあ、それで、どなたサマですか？」

●インターネットの中でだけやたら威勢がいいバカ

面と向かって言えないことはネットでも言わない。これが基本だと思います。

「恥ずかしくて面と向かっては言えないのでコメント欄に書きますが、ヘボ子さんって絶世の美女ですよね。ああ、すみません！」

「それは書いてもいいのよーん！」

●人をうらやんだり妬んだりするのが好きなバカ

そんなことをするヒマとエネルギーがあったら、自分ががんばればいいのに。

「人のことうらやんで楽しめるんだから、あいつはいいよなー。……ん、あれ？」

●自分のカミさん（ダンナ）を立てられないバカ

カミさんやダンナを悪く言っても、自分の値打ちが上がるわけじゃありません。

「ウチの旦《だん》ツクったら、ホントにしょうがないのよ。だから今日も叱ってやったの」

「毎日、あなたに叱られて、それを聞いていられるご主人って、間違いなく大人物ですね」

●親バカ孫バカっぷりを隠そうともしないバカ

子ども自慢や孫自慢はある程度はご愛敬ですけど、ものには限度があります。

「ウチの孫がね、ダジャレを言ったんだよ。パンダのゴハンはパンだって。まだ2歳なのに天才だよね。将来はテレビに出るかな。うん、忙しくなるぞー」

●育ててもらった師匠の恩を忘れて逆恨みするバカ

自分が今うまくいっていないのは、たいていは自分のせいです。

「あーあ、木久扇師匠に入門しなかったら、オレも売れてたかな。あの人に教わったのは、ラーメンの売り方だけだもんね。おかげで、ウチは行列のできるラーメン屋だけど」

●女性の年齢や容姿を笑い話のネタにするバカ

ウケていると思っているのは自分だけで、まわりはドン引きしています。

「たいへんだね、ブタつれて」「失礼ね、これ犬よ」「オレは犬に言ってんだよ」

「では、私も申し上げます。このフランケンブルドッグ！」

●政治家の悪口を言えば賢く見えると思っているバカ

言い返してこない相手にばっかり威勢のいいことを言ってってもね……。

「上が変わらないと日本は良くならない！　オレは言うときは言うよ！」

「会社も上が変わらないと良くならないと思うので、ヘボ山さんから社長に意見してやってください」

こういう人たちは、そんな自分をカッコいいと思っていたりもします。注意したところで反省するどころか逆ギレするだけなので、誰も何も言いません。そして、こういう行動にますます拍車がかかっていきます。

「気をつけなきゃ」と思わせてくれる
分類その10 他山の石になってくれるバカ

●ふた言目には「近頃の若いモンは」と言うバカ

かつて自分もさんざん言われたことは、すっかり忘れてるんですよね。

「近頃の年寄りは、何かというと『近頃の若いモンは』って言うんだよね」

「違うぞ！　近頃の年寄りだけじゃなくて、昔のグランドファーザーもずっと言ってたんだ」

●ふた言目には「昔はよかった」と言うバカ

よかったこともあるかもしれないけど、悪かったこともいっぱいあります。

「あー、こういう昔の雰囲気の旅館っていいなあ。昔の生活っていいよねえ。えっ、この旅館、トイレが汲み取りなの！　それはステキだなあ」

●ふた言目には「俺に言わせりゃ」と言うバカ

誰も言ってくれとは頼んでいないし、独創的な意見はまず出てきません。だいたい人間なんてそんなもんなんですよ。ぼくに言わせりゃ。

●ふた言目には「もうトシだから」と言うバカ

単なる言い訳です。常に「これからの人生で今日がいちばん若い」のですから。ぼくも、あと20年は噺家を続けていきますよ！

●それでいて「年寄り扱いするな」と怒るバカ

相手はねぎらったつもりなのに怒り出す。年寄りは面倒臭いですね。

「もうトシなんだから、そんなに張り切らなくていいよ」

「なんだとー、年寄り扱いするな！　でも、面倒臭いことは若いのがやっといてね」

●自分だけは若手に煙たがられていないと思いたいバカ

自分がかつて煙たがったように、若手に煙たがられるのはベテランの宿命です。えっ、大ベテランの木久扇はどうかって？　ぼくは大丈夫です……よね、たぶん。

●自分だけは永遠に死なないような気がしているバカ

もちろん人は必ず死ぬんですけど、自分は死なないつもりで生きていたい。そういうバカにぼくもなりたい。あっ、もうなってるか。

●おだてられると頼みごとを断れなくなるバカ

相手もそれがわかっていて、おだてながら頼んでくるからズルイですよね。

「いやもう、この役柄は師匠のような名人にしか務まりませんから」

「そのセリフ、ぼくで何人目？」

「えーっと、だいたい10人目です」

●どんな芸を見ても「俺のほうがうまい」と思うバカ

自分の芸にプライドを持つのは大切ですけど、学ぶ姿勢を持つことも大切です。

「てやんでぇ。売れてる芸人はいっぱいいるけど、オレは芸では誰にも負けてないんだ。

ママならわかってくれるよね」

「さっきもおたくの師匠が同じこと言ってたわ。さすが師匠と弟子ね」

●いつも忙しくしていないと落ち着かないバカ

忙しいのは「心を亡くす」ことでもあると、肝に銘じておきたいですね。ただ、ヒマだとロクなことを考えなかったりもするし……。どっちがいいんでしょうね。こんなことばっかり考えてるから忙しいのかな。

うっかりしてると自分もやってしまいそうなことばかりです。人の振り見て我が振り直せ。人のバカ見て我がバカ直せ。でも、いくら気をつけていても結局は、バカは死ななきゃ直らない……なんですけどね。

自分なりに一生懸命この道を歩いてきました

番外編

どっかで聞いたことがあるバカ

●漫画家になるつもりがいつの間にか落語家になったバカ

あれ、似たような人がいますね。今でも漫画家協会員で二刀流！

●落語家なのに自分の芸名をつけたラーメンを売っているバカ

今は「前の芸名」になっちゃいましたけど。

●自分で売ってるラーメンをマズイと言われて喜んでいるバカ

マズイと言ってもらえばもらうほど、たくさん売れるんです。その作戦を立てたのは木久扇です！

●よく調べずにバルセロナにラーメン屋を出してしまうバカ

ホント、ちゃんと調べてから動いたほうがいいですよ。

●ガン細胞に小言を言って身体から追っ払ったバカ

向こうも生き物ですから言えばわかるんです。

●師匠のネタでさんざん稼がせてもらっているバカ

いやいや、師匠のお名前を後世に遺したいだけなんです。古典落語のほうも、NHK「日本の話芸」で「名人」と言ってもらいました。

●大喜利で答えができていないのに手を挙げるバカ

大事なのはヤル気を見せることです。与太郎という役の一環でもあります。

●大喜利で問題とは関係なく鞍馬天狗のモノマネを始めるバカ

鞍馬天狗のモノマネのおかげで、自分の「居場所」を見つけられました。

●大喜利で問題とは関係なく「セントルイス・ブルース」の替え歌を歌い出すバカ

一度でいいから、あの長い歌詞を最後まで歌いたいですね。

●大喜利で勝手に立ち上がって座布団を催促するバカ

あれ、じつを言うと、術後の足のリハビリなんです。

やだなあ、全部自分のことじゃないですか！　こうやって並べて見てみると、うーん、我ながらバカの天才ですね……。バカであることが自分のエネルギー源だということも、あらためてよくわかりました。これからもバカにいっそう磨きをかけていきます！

あとがき

どんな未来が待ち受けているのか楽しみで仕方ない。毎日ワクワク過ごして「すうーっ」と消えるのが理想

ぼくの人生、まだまだこれからです。どんな未来が待ち受けているのか、楽しみで仕方ありません。

よく「歳をとっても元気でいられる秘訣は何ですか?」と尋ねられます。やっぱり、毎日を楽しく生きることではないでしょうか。そのために必要なのは、ひとつは社会とのつながりを持って、世間に向かって参加することです。いろんな人と話をして、どんなことでもいいから人の役に立つことを見つけましょう。

もうひとつは、自分が夢中になれるものを見つけるのが大事じゃないでしょうか。ぼくはチャンバラ映画が大好きで、いちばん楽しいのはそれを観ているときです。古い作品のフィルムをせっせと集めていて、もう1000本ぐらいになりました。けっこう高いんで

すけど、子どもや孫にお金を遺す気はないので、自分でどんどん使っています。ぼくがいなくなったら、有効に活用してくれるところに寄付してほしいと言ってあります。

落語家をやっていてありがたいのは、高座に上がるたびにワクワクできることですね。「こう言えばウケるかな」と考えて、実際にウケたときの喜びは何ものにも例えられないぐらい最高です。「今度はこうやってみよう」というアイディアも尽きることはありません。ウケたいと思うことが、ぼくの元気の源になっているんじゃないかと思っています。

同年代の知り合いでピンク映画を観るのが大好きな人がいて、その人はそれが生きがいになってる。人に迷惑をかけるようなことじゃなければ、なんだっていいんです。いい歳になって、カッコつけたり世間体を気にしたりしてもしょうがないですから。いくつになっても、むしろ歳をとればとるほど、我が道を行くバカでありたいですね。

「歳をとると不安が増える」と言っている人もいます。健康のこと、自分や大切な人の寿命のこと、お金のことなど、たしかにいろいろあるかもしれません。

だけど、不安というのは、まだ起きていないことを心配しているわけです。まだ起きていないのに、先回りして心配してクヨクヨしてもしょうがない。わざわざ苦労を増やして毎日をつまんなくするのは、まったくの無駄です。そういう人って「どうしようどうしよう」って言ってるだけで、何もしてませんよね。

「たいへんな世の中になってしまった」と嘆いてばかりの人もよく見ます。自分ではどうしようもないことで気持ちを沈ませていてもしょうがない。嘆けば嘆くほど、世の中がつまんなくなっちゃう。そんなヒマがあったら、遠くのお気に入りのお店におせんべいを買いにいって、家族で「おいしいねえ」と言いながら食べたほうがよっぽどいい。

今日をワクワクして過ごせたら、明日パッと死んでもいいじゃないですか。自分が好きなことを通じて、生きるって楽しいことなんだ、人間って面白いんだと感じられたら、いくつになっても笑って毎日を過ごせるんじゃないでしょうか。

これからやってみたいのは、落語のアニメを作ることです。長屋が丸ごと宇宙に飛んでいって、熊さんやご隠居や与太郎が宇宙人と出会う。そこで落語にあるような騒動が巻き起こるんです。ずいぶん前から考えていて、もうキャラクターはできています。

アニメだったら、日本の子どもたちはもちろん、言葉が通じない外国の子どもたちにも、「落語って面白そう」と思ってもらうことができる。ぼくは長いあいだ「落語の世界の呼び込み役」をやってきたつもりなんですが、その集大成です。ただ、とってもお金がかかるんですよね。ＮＨＫさんとかが作ってくれないかな。日本文化を世界に広く伝えることができるから、国家プロジェクトになってもいいと思うんですけど。

元気なうちにぜひ行きたいのは、スペインのバルセロナです。その昔に大損したラーメン屋の建物は石造りだったので、今も残っているらしいんですよね。この本の中でもいきさつを書きましたけど、ぼくの人生の中で最大の大誤算でした。

今はどんな店が入っているのか、街並みはどう変わったのか、おかみさんといっしょに見てみたいですね。象を買ったタイのビーチにも行ってみたいな。おかみさんは「苦労したことを思い出すから私は行かない」って言うかもしれませんけど。

弟子に伝えたいのは「生き方の名人を目指せ」ということです。落語の名人は目指さなくてもいい。貧乏になりますから。

具体的に何をやっていくかは、人それぞれ違うから一概には言えません。ぼくがいつも言っているのは、「落語とはこうだ」「落語家はこうあるべきだ」というワクを作るなということ。誰かが作ったワクも気にしなくていい。むしろ積極的に壊してほしいですね。

面白ければ何をしてもいいのが、芸人という仕事です。だからこそ厳しいし、やりがいもある。面白いことを追い求めるのと同じぐらい大事なのは、「もっと売れたい！」というハングリー精神です。雑誌や新聞に1行で2行でも載るのなら、「気が進まない」「自分の柄じゃない」なんて言ってちゃいけない。私たちは世間のアンテナに引っかかってナンボ、人様に知ってもらってナンボですから。

ぼくが「入金」にこだわるのも、売れることの大切さを知ってほしいからです。それは自分にとって大切なだけじゃない。いくら落語がうまくても経済的に恵まれなくて、ずっと「噺家は貧乏が当たり前」のままでは、若い人に夢を与えられません。やがてこの世界に入ってくる人がいなくなって、落語全体がしぼんでしまいます。

私が言うのは口はばったいんですが、落語っていうのはなかなか高度な芸なんです。形のあるものを売るわけじゃない。空気という、まさにつかみどころのないものを作り出して、お客さんに笑ってもらったり感動してもらったり。けっして簡単ではないし、誰でもなれるもんじゃありません。

後輩の落語家のみなさんには、あらためてそのことに気づいてほしい。ちょっと奇抜なことをいえば一時的にはウケを取れるかもしれませんが、そうじゃないんです。

落語の基本はやっぱり寄席ですけど、ライブでたくさんの演者が出てきて、それぞれの芸を見せるというのは、かなり贅沢なことなんです。自分たちは贅沢な空間を作り出している一員なんだという自覚を持ってほしいですね。

お客さんに「この人は違う」と思ってもらうには、もちろん稽古を重ねるのは必須条件ですけど、自分にお金をかけないといけません。見たいライブや舞台があれば、海外だろうがどこだろうが飛んでいく。食べるものにもお金を惜しまず、一流の味を知る。

昔、二ツ目になったときにアルファロメオを買っちゃった先輩がいました。落語とは関係ないと言われそうですけど、そういう自分を楽しもうという心持ちが、人間としての面白味で、噺に厚みをもたらすんです。節約しか頭にない落語家の噺を聞いても、お客さんは楽しくないでしょうね。


私もこの先もやりたいことはたくさんありますけど、寿命ばかりはわかりません。明日ポックリ逝くかもしれない。

ぼくの理想は、五代目柳家小さん師匠の亡くなり方です。一線から退いてはいたけど、まだまだお元気で食欲も旺盛でした。前の晩に大好きなお寿司屋さんからちらし寿司の出前を取って、お腹いっぱい食べてお休みになった。翌朝、なかなか起きてこないからご家族が見にいったら、亡くなってたんです。

「おとうさん、死んじゃったわよ」「ええっ、そうなんだ。死んじゃったんだ」って、そんなふうにあっさりした人生の終え方がいいですね。ドラマなんかだと、病院のベッドのまわりに家族が集まって、手を握って「おとうさん！」なんてやってますけど、もう病院はさんざん入院したので行きたくありません。「すうーっ」といなくなるのが理想です。

そうなる前に、おかみさんにきちんとお礼を言ったほうがいいのかなあ。ぼくは師匠にも恵まれたし、おかみさんも大当たりをしました。白山の待合《まちあい》の三女で芸を見る目があって、おいしいものもよく知ってる。たくさんの弟子たちの面倒をしっかり見てくれて、ぼくの人生の大事な場面では常に的確なアドバイスをしてくれました。

林家木久扇がこうやって長く元気でやってこられたのも、おかみさんがいたからです。だけど、感謝の気持ちを伝えようとしても、口にできないんですよね。

そうだ、このページを読んでもらえばいいかな。付箋《ふせん》を貼って、さりげなく座卓の上にでも置いておくことにします。

最後になりましたが、この本を読んでくださった読者の方々にも、深く感謝いたします。

それと、この本を心から応援してくださった石原壮一郎氏、編集に関わってくださったみなさん、サポート役の長女・豊田佐久子氏に深く感謝しております。ありがとうございました。これからも林家木久扇と林家一門とすべての落語家と落語をどうぞご贔屓に。みなさまのますますのご清栄とご多幸をお祈りしつつ、ペンを置きます。

おあとがよろしいようで。

２０２４年２月吉日

林家木久扇

構成：石原壮一郎
装丁：堀図案室
DTP：オフィスメイプル
撮影：山川修一（扶桑社）

林家木久扇（はやしや きくおう）
1937（昭和12）年、東京日本橋生まれ。落語家、漫画家、実業家。56年、都立中野工業高等学校（食品化学科）卒業後、食品会社を経て、漫画家・清水崑の書生となる。60年、三代目桂三木助に入門。翌年、八代目林家正蔵門下へ移り、林家木久蔵の名を授かる。69年、日本テレビ「笑点」の大喜利レギュラーメンバーに。73年、林家木久蔵のまま真打ち昇進。82年、横山やすしらと「全国ラーメン党」を結成。2007年、林家木久扇・二代目木久蔵の落語界史上初となる「親子ダブル襲名」を行う。24年3月、「笑点」を卒業。落語、漫画、ラーメンのプロデュースなど、常識のワクを超えて幅広く活躍中で、「バカ」の素晴らしさと無限の可能性を世に知らしめている。おもな著書に『イライラしたら豆を買いなさい』（文藝春秋）『木久扇のチャンバラ大好き人生』（ワイズ出版）など。

扶桑社新書 492

バカの遺言

発行日 2024年3月1日　初版第1刷発行

著　　者………林家木久扇
発 行 者………小池英彦
発 行 所………株式会社 扶桑社
〒105-8070
東京都港区芝浦1-1-1 浜松町ビルディング
電話 03-6368-8870（編集）
03-6368-8891（郵便室）
www.fusosha.co.jp

印刷・製本………株式会社広済堂ネクスト

Printed in Japan　ISBN 978-4-594-09703-5